Jüdische Grabstätten und Friedhöfe in Berlin

Jüdischer Friedhof Berlin-Weißensee.
Am 27. Januar 1992, dem 47. Jahrestag der Befreiung des Konzentrationslagers Auschwitz, wurde im Gedenken an die Toten eine Urne mit Erde und Asche aus Auschwitz beigesetzt.
Vorne: Dr. h. c. Heinz Galinski, Vorsitzender der Jüdischen Gemeinde zu Berlin.
Hinten: Oberkantor Estrongo Nachama.

Herausgeber Andreas Nachama, Hermann Simon

Jüdische Grabstätten und Friedhöfe in Berlin

Eine Dokumentation

Mit Beiträgen von

Alfred Etzold
Heinrich Simon

EDITION HENTRICH

Vorwort 5

Hermann Simon
Friedhöfe als Einrichtungen der Gemeinde 7

Alfred Etzold
Jüdische Grabstätten und Friedhöfe in Berlin 12

Zur Geschichte der jüdischen Friedhöfe 13

Friedhof Große Hamburger Straße 21

Friedhof Schönhauser Allee 30

Weißensee, Herbert-Baum-Straße 36

Künstlerisch gestaltete Grabmale 43
Schönhauser Allee 43
Weißensee 51
Adass Jisroel 64

Symbole an Grabmalen – Grabmale als Symbole 65
Porträts auf Grabsteinen 77

Geisteswissenschaftler und ihre Ruhestätten 81
Hochschule für die Wissenschaft des Judentums 89

Naturwissenschaftler und ihre Ruhestätten 95

Persönlichkeiten der Wirtschaft und ihre Ruhestätten 113

Verleger, Verlage, Mitarbeiter und Verlagserzeugnisse 133

Künstler und ihre Grabstätten 147

Gründer und Mitarbeiter von Sozialeinrichtungen 159

Die Eingangsbauten des jüdischen Friedhofs Weißensee 173

Heinrich Simon
Leben und Tod in der Sicht des Judentums 178

Literatur 189

Personenregister 190

Reihe Deutsche Vergangenheit
»Stätten der Geschichte Berlins«
Band 67

Gesamtherstellung:
Druckhaus Hentrich, Berlin
Buchbinder:
Heinz Stein, Berlin
Lithos:
Reprowerkstatt Rink, Berlin

ISBN 3-89468-035-0
1. Auflage 1992
Printed in Germany

Vorwort

Als im Sommer 1987 das 750. Jubiläum der Stadt Berlin gefeiert wurde – und zwar doppelt: in der Hauptstadt der DDR und in Berlin (West) – sprachen wir zum ersten Mal über das Projekt einer Ausstellung, die jetzt unter dem Titel *Jüdische Lebenswelten* das Interesse der Öffentlichkeit beansprucht. Wir gingen auf dem jüdischen Friedhof in Weißensee spazieren. Die Vorbereitungen für die Besucherrekorde aufweisende Exposition »Und lehrt sie Gedächtnis!«, die mit großem Erfolg im Ephraim-Palais gezeigt wurde und später auch die politisch weite Reise in den wenige Kilometer entfernten, aber damals durch die Mauer vom Ostteil der Stadt getrennten Martin-Gropius-Bau antrat, waren bereits angelaufen, aber ein gemeinsamer Auftritt des Regierenden Bürgermeisters von Berlin, Eberhard Diepgen, und des Staatsratsvorsitzenden der DDR, Erich Honecker, zum Auftakt der 750-Jahr-Feier war gerade gescheitert. Trotzdem gab es Zeichen einer Annäherung, denn die Urkunden, auf die sich das Stadtjubiläum bezog und die in Brandenburg aufbewahrt wurden, sollten 1987 mit Einverständnis des Ministerrats der DDR im Schöneberger Rathaus gezeigt werden. Wir konnten allerdings damals noch nicht wissen, daß dies tatsächlich gelingen sollte, jedoch träumten wir von einem in der Zukunft vielleicht möglichen Projekt: Wenigstens einen Teil der im Martin-Gropius-Bau vorgesehenen Ausstellung wollten wir gemeinsam gestalten, nämlich eine Dokumentation des größten jüdischen Friedhofs in Europa, des Friedhofs in Weißensee. Insgeheim hofften wir, dadurch die Trauerhalle, die zu den wenigen jüdischen Sakralbauten, die das Dritte Reich einigermaßen unbeschädigt überstanden hatten, gehört und lediglich durch den Mangel an Pflege in der Nachkriegszeit zu verwahrlosen drohte, vor dem endgültigen Verfall zu retten.

Die Berufung von Ostberliner Wissenschaftlern in den internationalen Beirat der Ausstellung *Jüdische Lebenswelten,* heutzutage eine Selbstverständlichkeit, war in jener Zeit schwierig. Rückblickend mutet es wie eine Posse an: Damals wurde mit den Verantwortlichen im DDR-Kulturministerium darum gerungen, wie denn der Beitrag der nunmehr (Sommer 1988) gegründeten Stiftung »Neue Synagoge Berlin – Centrum Judaicum« in das Vorhaben *Jüdische Lebenswelten* als eigenständiger Beitrag der DDR eingebracht werden könnte, der in einer Zweitfassung im Martin-Gropius-Bau und in der Erstfassung in der »Hauptstadt der DDR, in der wiederhergerichteten Trauerhalle des Friedhofs Weißensee« gezeigt werden sollte. Bei diesen Unterredungen sprach ein für die Außenpolitik der DDR zuständiger Referent von den »Berlinen«, da nach seiner Meinung zwei selbständige Städte Berlin existierten und diesen Plural erforderten. Und doch erbrachten unsere Gespräche das Ergebnis, daß die »Denkmalpflege der DDR« mit den Vorbereitungen der Rekonstruktion der Trauerhalle begann. Für uns war das ein erstes untrügliches Zeichen dafür, daß die Verwirklichung unserer Vorschläge in Erwägung gezogen wurde.

Als aber dann in den letzten Oktobertagen des Jahres 1989, also wenige Tage vor dem historisch bedeutsamen 9. November 1989, der internationale Beirat tagte, gingen alle Beteiligten davon aus, daß die Dokumentation in Weißensee zwar für Westberliner zugänglich sein würde, also die Zweitfassung der Ausstellung im Martin-Gropius-

Bau sich in eine Übersicht über alle jüdischen Friedhöfe in Berlin einpassen könnte, aber niemand ahnte, wie einschneidend die politischen Veränderungen sein würden. Mit dem Verschwinden der DDR von der politischen Landkarte wurde das Vorhaben, die Trauerhalle zu sanieren, ernsthaft in Frage gestellt, denn nun änderten sich auch die Zuständigkeiten; die vormaligen DDR-Behörden lösten sich auf. Damals wurde eine Einrichtung belebt: Westberliner Bezirke übernahmen die Patenschaft für Ostberliner Bezirke. So unterhielt Schöneberg partnerschaftliche Beziehungen zu Weißensee, dem Bezirk, in dem der größte jüdische Friedhof der Stadt liegt. Glücklicherweise hatte der Bürgermeister von Schöneberg, Michael Barthel, Verständnis für das Problem und half: Er bewirkte, daß sich die Hochbauabteilung seines Bezirks der Sache annahm und daß im Zusammenwirken mit dem damaligen Staatssekretär in der Kulturverwaltung, Hanns Kirchner, im Nachtragshaushalt soviel Geld eingestellt wurde, daß das Dach der Trauerhalle abgedichtet und das Gebäude gesichert werden konnte. Es war nunmehr möglich, es ungefährdet zu betreten und die denkmalpflegerische Dokumentation abzuschließen. Wir hoffen, daß die Rekonstruktion bald beendet ist und das Gebäude wieder seinem eigentlichen Zweck dienen kann. Schließlich erübrigte es sich, im Martin-Gropius-Bau einen Teil der Ausstellung aufzubauen, denn jetzt gab es keine politischen Beschränkungen mehr: Alfred Etzold konnte nun entsprechend dem Konzept verfahren. Das Ergebnis ist in der Dokumentation zu sehen und in dieser Publikation nachzulesen.

Der Tod ist unlösbar mit dem Leben verbunden, und so soll auch diese Ausstellung dem Besucher Einblick in die jüdische Lebenswelt in Berlin vermitteln.

Im Januar 1992
Andreas Nachama, Hermann Simon

Hermann Simon

Friedhöfe als Einrichtungen der Gemeinde

Solange das historische Gedächtnis zurückreicht, haben Juden ihre Toten bestattet und Riten entwickelt, durch die die Form festgelegt war, in der dieser letzte Akt zu vollziehen ist. Die hebräische Bibel bezeugt mannigfaltige Weisen der Bestattung: In den Kulturwandel ist auch der Wandel der Bestattungssitten einbezogen, deren verschiedene Arten einst von den Kanaanäern übernommen wurden.

Von biblischer Zeit an bis heute ist die Beisetzung bald nach dem Tod üblich, da das Klima im Vorderen Orient dies erforderte. Schriftliche und archäologische Quellen erweisen das Vorhandensein mannigfaltiger Grabformen. So wissen wir von Höhlen-, Schacht- und Bankgräbern, um nur drei Formen zu nennen. Sie waren zu verschiedenen Zeiten oder auch gleichzeitig üblich. Bezeugt sind ferner Sarkophage, Ossuarien und anderes.

Von großem Einfluß auf die Gestaltung der Gräber war die Babylonische Gefangenschaft. Die Landschaft eignete sich nicht für die Anlage von Gräbern, wie sie in Palästina üblich waren. Darum entstanden Gräberfelder als Familiengräber und wohl die ersten allgemeinen Friedhöfe.

Außerhalb Palästinas, in der Diaspora, ist seit etwa dem 10. Jahrhundert, wie auch in der nichtjüdischen Umwelt, die Anlage von Friedhöfen üblich geworden. Diese Bestattungsweise hat sich durchgesetzt; die religiösen Vorschriften aus alter Zeit sind in der für diese Form adaptierten Weise als Halacha (Gesetz) festgelegt.

Wenngleich es nicht geboten ist, Grabsteine zu setzen, ist dies doch die durchgängige Praxis geworden. Überall sind seit Jahrhunderten Friedhöfe Einrichtungen der Gemeinde. Verschiedene hebräische Bezeichnungen für Friedhof werden als Synonyme gebraucht: Bet Kwarot (»Stätte der Gräber«, eigentlich »Haus der Gräber«), Bet Olam (»Haus der Ewigkeit«), in der aramäischen Form Bet Almin.

Besondere Aufmerksamkeit verdient die relativ spät, erst im 13. Jahrhundert auftretende Bezeichnung Bet Chajim (»Haus des Lebens«), weil sie nicht selten als »Haus des ewigen Lebens« falsch gedeutet wird. In Wahrheit liegt ein Euphemismus vor: Die diesseitsfreudige Grundgesinnung des Judentums bringt es mit sich, daß es tunlichst vermieden werden sollte, von einem Ort des Todes zu sprechen, wobei das Mitschwingen abergläubischer Vorstellungen nicht auszuschließen ist. (Wie in allen Kulturen rankt sich Aberglaube um die Friedhöfe; darauf kann hier nicht eingegangen werden). Solche Euphemismen sind im Judentum nicht selten: So heißt die sechste Ordnung der Mischna Teharot (= Reinheiten), weil sie von rituellen Unreinheiten handelt. Der außerkanonische Talmudtraktat, der von Tod und Trauer handelt, wird meist Smachot (= Freuden) genannt. Blinde tragen häufig den Beinamen ha-Ro'e (= der Sehende). Ein offensichtlicher Euphemismus ist auch die verbreitete judendeutsche Bezeichnung »der gute Ort«. Mißverständnisse zu berichtigen, hielt schon in der ersten Hälfte des vorigen Jahrhunderts der Hamburger Pädagoge Anton Rée für notwendig. Er schreibt: »›Guter Ort‹ heißt in der jüdischen Mundart der Kirchhof.

Letzteres Wort hatte natürlich für den Juden keinen Sinn, da der Begräbnißplatz aus religiösen Gründen nicht um die Synagoge liegen kann. Der Kirchhof heißt übrigens den alten Juden deshalb der gute Ort, weil er ihn in der That für den bösen hält. Da er aber den Einfluß des Wortes auf die Wirklichkeit fürchtet, so gebraucht er zur Bezeichnung irgendeiner schlimmen Sache lieber das Wort für die entgegengesetzte gute. So heißt ... der vermeintlich böse Ort aus löblicher Vorsicht der gute.«[1]

Wo immer Juden sich ansiedeln und eine Gemeinde gründen, ist es ihr erstes Anliegen, einen Friedhof anzulegen, erst in zweiter Linie folgt die Einrichtung eines Gotteshauses; denn die Synagoge ist nicht eigentlich ein Sakralraum: beten, die Tora vorlesen und lernen kann man überall, wenn nur ein Minjan, die vorgeschriebene Zehnzahl religiös mündiger Männer, sich zusammenfindet. Die Gründung eines Friedhofs galt und gilt als besonders verdienstliche Erfüllung einer religiösen Pflicht (Mizwa), auch im Hinblick darauf, daß die Toten dort zur ewigen Ruhe gebettet werden. Jüdische Gräber werden nicht – wie christliche – nach geraumer Zeit aufgelassen. Dadurch sind jüdische Begräbnisstätten von großer kulturhistorischer Aussagekraft.

Im Judentum ist jede Art von Totenkult verpönt. Da im Tode alle gleich und vor allem die Unterschiede von arm und reich nivelliert sind, werden alle unterschiedslos in einfachen Brettersärgen und im gleichen schmucklosen Leichengewand beerdigt. Blumen und Kränze, für jüdische Friedhöfe durchaus unpassend, sind heute oft anzutreffen – als Folge einer Angleichung an die Sitten der nichtjüdischen Umwelt. Geradezu stilwidrig sind pompöse, monumentale Grabdenkmäler. Scharfe Polemiken gegen diese Unsitte sind in der jüdischen Presse im Anfang dieses Jahrhunderts nachzulesen. Karl Schwarz, ein Kunsthistoriker von Rang, der seit 1930 Leiter der Kunstsammlung der Berliner Jüdischen Gemeinde und bis zu seiner Emigration im Mai 1933 erster Direktor des kurzlebigen und dennoch bedeutenden Berliner Jüdischen Museums in der Oranienburger Straße gewesen ist, hat die Argumente in einem bis heute unveralteten Artikel »Der Jüdische Friedhof« vorgebracht: »Das 19. Jahrhundert hat, wie in so vielem, auch mit der Tradition der alten Friedhofskultur gebrochen. Frühere selbstverständliche Bindungen, durch Pietät, Gesetz und religiöse Anschauung vorgeschrieben, wurden immer lockerer gehandhabt, alte Kulturwerte nicht mehr beachtet. Die allgemeine Unfähigkeit künstlerischer Zurückhaltung, die immer weiter um sich greifende Stillosigkeit trat auch in der allgemeinen Friedhofskunst zutage. Die jüdischen Gemeinden kamen den Wünschen der Reichen nach, indem sie den Erwerb von Familiengrüften gestatteten und durch immer weitergehende Konzessionen schließlich jedem die Gestaltung der Grabstätten nach Gutdünken überließen. Eine geradezu nervöse Sucht nach persönlicher Dokumentierung an Stelle sozialer Einordnung griff Platz. Als ob es darauf ankäme, jede Neuerung der anderen nur nicht ungenutzt vorübergehen zu lassen, um nicht den Schein der Rückständigkeit zu erwecken, schuf man Einrichtungen, damit der Reiche auch dort zu seinem Vorrecht käme, wo gerade die rituellen Vorschriften derartige Unterschiede mit aller Bestimmtheit ausgeschlossen hatten ... Die alten Grabsteine beweisen zur Genüge, daß nicht Größe und Kostspieligkeit ihren Wert ausmachen, sondern das künstlerische Verständnis für Auswertung des Materials maßgebend ist. Es gibt keinen monumental besser wirkenden Schmuck als die hebräische Schrift ...

Vor den Toren der Ewigkeit schwinde jeder Unterschied. Daher fort mit den trennenden Sonderbestimmungen, dem entwürdigenden Klassensystem und den unterschiedlichen Beerdigungsformen. Im Tod sind wir alle gleich. Diesem Gedanken wieder Ausdruck zu verleihen, sei das Ziel jüdischer Friedhofskultur.«[2]
Aus diesem Grund haben jüdische Gemeinden Friedhofsordnungen erlassen; das gilt auch für den großen jüdischen Friedhof in Berlin-Weißensee. Dadurch sollten individueller Willkür Schranken gesetzt werden.

Friedhöfe beanspruchen unsere Aufmerksamkeit als Quellen für die jüdische Geschichte, und zwar unter zwei Gesichtswinkeln: Die Grabdenkmäler können als kunstgeschichtliche Zeugnisse ausgewertet werden, wobei zu beachten ist, daß nicht nur die nach intersubjektiven ästhetischen Wertmaßstäben als Meisterwerke geltenden Objekte zu berücksichtigen sind; denn oft sind mittelmäßige oder sogar mißglückte Kunstwerke in hohem Maße aussagekräftig. Analysen bestätigen, was für die Gesamtheit jüdischer Kunst seit mehr als zwei Jahrtausenden charakteristisch ist: Der Stil der jeweiligen nichtjüdischen Umwelt wird aufgegriffen und mit spezifisch Jüdischem – hebräischer Schrift, jüdischen Symbolen – verschmolzen, und eben dadurch erhält jüdische Friedhofskultur ihr Gepräge. Die Grabinschriften bewähren sich als Quellen für jüdische Geschichte, in besonderem Maße für die Zeit vor 1875, weil erst dann durch die Schaffung von Standesämtern Geburt, Heirat und Tod beurkundet wurden. Die Grabinschriften, steinerne Urkunden, sind auch darum von einzigartigem historischem Wert, weil für Juden eine relevante Quellenkategorie nicht existiert, die für Christen verfügbar ist: Kirchenbücher.
Jedoch bleiben Grabinschriften auch in der Zeit, da es Standesämter gibt, aussagekräftig, weil sie die Angaben, die amtlichen Urkunden zu entnehmen sind, ergänzen: Nicht selten werden über Geburts- und Sterbedaten hinaus Personencharakteristiken geboten, Ämter und Ehrenämter der Verstorbenen erwähnt, gegebenenfalls ihre Werke genannt. Ein Gang über den Friedhof in Weißensee führt dies jedermann vor Augen. Erbbegräbnisse zeigen genealogische Zusammenhänge, die oft nur schwer zu ermitteln sind.
Im Geheimen Staatsarchiv Preußischer Kulturbesitz Merseburg werden zahlreiche weithin unbekannte Akten bewahrt. In einem Brief vom 26. Februar 1832 wendet sich eine im hohen Greisenalter stehende Frau, »des Vice-Ober-Land Rabbiner Weyl sel. Wittwe«, an König Friedrich Wilhelm III. mit folgender Anrede und Einleitung: »Allerdurchlauchtigster, großmächtigster König, Allergnädigster König und Herr. Ueberzeugt, daß es jedem Preußen umso mehr zur hohen Pflicht gereicht, nicht ohne ganz spezielle Motive die besondere Gnade des Besten der Könige anzuflehen, als Allerhöchstdero ganzes glorreiches Leben nur eine ununterbrochene Reihe von Gnadenbezeugungen und Wohlthaten für uns Alle bildet, wage ich es nur in der ehrfurchtvollsten Schüchternheit mich den Füßen des Thrones zu nahen, um zu denselben eine allerunterthänigste Bitte in tiefster Devotion niederzulegen.«[3]
In großer Ausführlichkeit wird nun die Bitte vorgetragen: Rabbiner Weyl, mit dem die Antragstellerin »63 Jahre in der glücklichsten Ehe gelebt hatte«[4], ist verstorben (14. 2. 1826) und auf dem Friedhof in der Großen Hamburger Straße beigesetzt wor-

den. Dieser 1672 von einem Gemeindemitglied gekaufte Begräbnisplatz wurde 1827 geschlossen. Der innigste Wunsch der Witwe, neben ihrem Gatten zur ewigen Ruhe gebettet zu werden, kann nur dann erfüllt werden, wenn ihr ausnahmsweise eine Genehmigung zugesichert wird. Ihrem diesbezüglichen Gesuch war (laut Bescheid vom 10. Februar 1832) von dem »hohen Ministerio des Innern und der Polizei« nicht stattgegeben worden.

Kurz und positiv ist die Entscheidung des Königs, gerichtet an den Staatsminister Freiherrn von Brenn: »Wenn es seine Richtigkeit hat, daß der Wittwe des Vice-Ober-land-Rabbiners Weyl hieselbst, wie sie in ihrer beiliegenden Vorstellung angibt, ein Platz zu ihrer Ruhestätte neben dem Grabe ihres verstorbenen Ehegatten auf dem jetzt geschlossenen Begräbnisplatze von der jüdischen Beerdigungs-Gesellschaft aufbewahrt ist, so will Ich, der Schließung ohngeachtet, die Beerdigung der Bittstellerin auf der bemerkten Stelle nachgeben und Ihnen hiernach die weitere Verfügung und die Bescheidung der Supplikantin anheim geben. Berlin, den 5ten März 1832, Friedrich Wilhelm«.[5]

Es ist ein bemerkenswerter Zufall, daß das Datum des Bescheides und der Todestag der Witwe identisch sind.

Da die Gräber auf jüdischen Friedhöfen nicht eingeebnet werden, um für eine erneute Belegung Platz zu schaffen, standen die Gemeinden oft vor der Notwendigkeit, einen neuen Friedhof anzulegen: Nach der Schließung des Friedhofs in der Großen Hamburger Straße wurde 1827 derjenige in der Schönhauser Allee gegründet; ihm folgte im Herbst 1880 der 42 ha große Friedhof in Weißensee, nachdem die Gemeinde Adass Jisroel sich bereits darum bemüht hatte, eine Ruhestätte für ihre Gemeinschaft zu gründen, ebenfalls in Weißensee, die Anfang 1880 eingeweiht wurde.

Die Berliner Jüdische Gemeinde rechnete mit weiterem Anwachsen der Mitgliederzahlen und sah bereits im Anfang unseres Jahrhunderts ein Problem darin, daß die Aufnahmekapazität ihres ungewöhnlich großen Friedhofs in Weißensee, des größten in Europa, eines Tages erschöpft sein würde. Man machte sich Gedanken über den Ankauf eines geeigneten Geländes, wohl auch im Hinblick darauf, daß die jüdische Ansiedlung in den westlichen Gebieten und Vororten Berlins ständig wuchs und der Weg nach Weißensee weit war. Es wurden Verhandlungen um den Ankauf von Terrain in der Nähe von Lankwitz geführt. »Der Gemeindebote«, die Beilage zur »Allgemeinen Zeitung des Judentums« dementiert am 2. November 1906 die Zeitungsmeldung, die Verhandlungen seien zu einem positiven Abschluß gekommen.[6]

Raymond Wolff, der die Akten mit vorbildlicher Gründlichkeit ausgewertet hat, vermutet, die »Verhandlungen scheiterten wohl am Einspruch des Grundbesitzer-Vereins Lankwitz-Süd. Danach gab es Anfang des Jahres 1907 Verhandlungen mit der Gemeinde Stahnsdorf. Auch diese Verhandlungen scheiterten.«[7]

Dem »Gemeindeboten« vom 24. September 1909 ist der Bericht über ein weiteres Projekt zu entnehmen: »Ein neuer Friedhof für die Berliner jüdische Gemeinde soll in Marienfelde angelegt werden. Die Verhandlungen über den Ankauf von 230 Morgen Landes zwischen dem Osdorfer und dem Teltower Weg waren bereits bis zum Abschluß gediehen, doch fehlte noch die Genehmigung der Ortsgemeinde. Die Marienfelder Gemeindevertretung hat nun in ihrer letzten Sitzung der Friedhofsan-

lage grundsätzlich zugestimmt, sie verlangt jedoch von der Käuferin eine Entschädigung von 170 000 Mark.«[8]
Offenbar deshalb konnte auch dieser Plan nicht verwirklicht werden.
»Mitte des Jahres 1917«, schreibt Wolff[9], »trat die Jüdische Gemeinde zu Berlin in Verhandlungen mit drei Bauerngutsbesitzern in Buckow«, um ein Areal zu kaufen, das noch größer war als der Friedhof in Weißensee. Der Kauf kam zustande; der Friedhof wurde nicht angelegt, da 1939 »die Übertragung des Grundstücks... auf die Reichshauptstadt Berlin« im Grundbuch vermerkt wurde.[10] Ein weiterer Friedhof in oder um Berlin wurde in den nächsten Jahrzehnten nicht benötigt: Der Geschichtsverlauf entsprach nicht den harmlosen Erwartungen der Berliner Jüdischen Gemeinde.
Auf die Geschichte des Friedhofes Weißensee kann hier nicht detailliert eingegangen werden. Seine Bedeutung ist in mannigfaltiger Hinsicht beachtlich. Er war auch während der faschistischen Verfolgung ständig in Betrieb. Dieser Friedhof und das Krankenhaus in der Iranischen Straße repräsentierten den letzten Rest der Berliner Jüdischen Gemeinde. An dieser Stätte, die sich für einige Verfolgte als Refugium bewährte, wirkte nach dem 10. Juni 1943 Martin Riesenburger und nahm in jüdischer Verantwortung seine Aufgaben wahr. Auf dem Friedhof fand auch der erste öffentliche jüdische Gottesdienst nach der Befreiung statt, und zwar am 11. Mai 1945.[11]

Überarbeitete Fassung des Beitrages »Einführung zur Dokumentation auf dem Friedhof der Jüdischen Gemeinde zu Berlin in Weißensee« im Katalog der Ausstellung »Jüdische Lebenswelten, Berlin 1992«, Seiten 725–729.

1 Anton Rée, Die Sprachverhältnisse der heutigen Juden, im Interesse der Gegenwart und mit besondrer Rücksicht auf Volkserziehung, Hamburg 1844, S. 68
2 Karl Schwarz, Der Jüdische Friedhof, Israelitisches Familienblatt Hamburg Nr. 40 vom 1. Oktober 1931
3 Geheimes Staatsarchiv Preußischer Kulturbesitz Merseburg, Rep. 77 Tit, 1021 Nr. 63 Bd. 2, Vl. 72
4 Ebenda
5 Ebenda, Bl. 71 v
6 Der Gemeindebote, Beilage zur »Allgemeinen Zeitung des Judentums«, 2. 11. 1906, S. 2
7 Raymond Wolff, »Die Sache ist durch Vergleich erledigt.« Die Geschichte eines Grundstückes der Jüdischen Gemeinde zu Berlin in Buckow, in: Zehn Brüder waren wir gewesen. Spuren jüdischen Lebens in Berlin-Neukölln, ed. Dorothea Kolland, Berlin 1988, S. 132 f.
8 Der Gemeindebote, 24. 9. 1909, S. 1
9 R. Wolff, a. a. O., S. 133
10 Ebenda, S. 147
11 Vgl. Martin Riesenburger, Das Licht verlöschte nicht – Ein Zeugnis aus der Nacht des Faschismus, 2. erw. Auflage Berlin 1984, S. 53

Alfred Etzold

Jüdische Grabstätten und Friedhöfe in Berlin

Vorn: Zwei hebräisch beschriftete Grabsteinteilstücke, vermutlich entweder von einem der mittelalterlichen jüdischen Friedhöfe in Spandau (vor 1510) oder von jenem an der Berliner Judengasse (1539–1571) stammend. 1988 auf dem Boden des Verwaltungsgebäudes der Jüdischen Gemeinde Oranienburger Straße 28 aufgefunden.
Links: Ältester Grabstein vom Friedhof Große Hamburger Straße 26 von 1672. 1988 mit den übrigen im Auftrag der Jüdischen Gemeinde entnommen, um ihn zu sichern und am Ursprungsort durch eine Kopie zu ersetzen.
Rechts: Grabstein des Stifters des Friedhofs Große Hamburger Straße, Mordechai Model, Sohn des David Tewele Halewi Oettingen = Model Riess

Zur Geschichte der jüdischen Friedhöfe

Die während des Mittelalters in Berlin ansässigen Juden hatten zunächst keinen eigenen Friedhof. Sie bestatteten ihre Toten auf dem der damals wohl bedeutenderen Spandauer Gemeinde. Vermutlich in der ersten Hälfte des 15. Jahrhunderts richteten die Berliner und die Spandauer jüdische Gemeinde jeweils getrennte Friedhöfe auf Spandauer Territorium ein. Diese waren Eigentum der Stadt Spandau, die sowohl einen jährlichen Grundzins für die Nutzung, als auch Gebühren für jede einzelne Bestattung einnahm. Nach der Vertreibung der Juden aus der Mark Brandenburg 1510 wurden die Friedhöfe eingezogen, die Grabsteine zur Baustelle der Zitadelle transportiert und dort als Baumaterial verwendet. Annähernd 70 von ihnen sind in unserem Jahrhundert bei Bauarbeiten in der Zitadelle geborgen worden. Der älteste datierbare Stein stammt aus dem Jahre 1244.

Um 1539 haben sich wieder Juden in Berlin angesiedelt. Diese haben ihre Toten bis zur erneuten Vertreibung 1571 vermutlich an der damaligen Judengasse, der späteren Landwehrstraße, bestattet. Letzte Überreste dieses Friedhofs sind um 1866 abgetragen worden.
1672, ein Jahr nach der Neugründung der Jüdischen Gemeinde, wurde der Friedhof Große Hamburger Straße eingeweiht, der bis 1827 genutzt worden ist. Diesem folgte dann der Friedhof Schönhauser Allee. 1859 erwarb die im 18. Jahrhundert wiederentstandene jüdische Gemeinde in Spandau ein Grundstück am Schülerberg und legte dort einen Friedhof an. Ebenfalls im 19. Jahrhundert gründete die bis 1920 selbständige jüdische Gemeinde in Köpenick an der Mahlsdorfer Straße einen Friedhof.
1880 wurden in Weißensee der 42 ha große Friedhof der Jüdischen Gemeinde zu Berlin sowie ein weiterer der Israelitischen Synagogengemeinde Adass Jisroel in Betrieb genommen, die das Gelände bereits 1873 erworben hatte. Die bisher letzte Neugründung eines jüdischen Friedhofs in Berlin erfolgte 1955 an der Heerstraße/Scholzplatz in Charlottenburg.

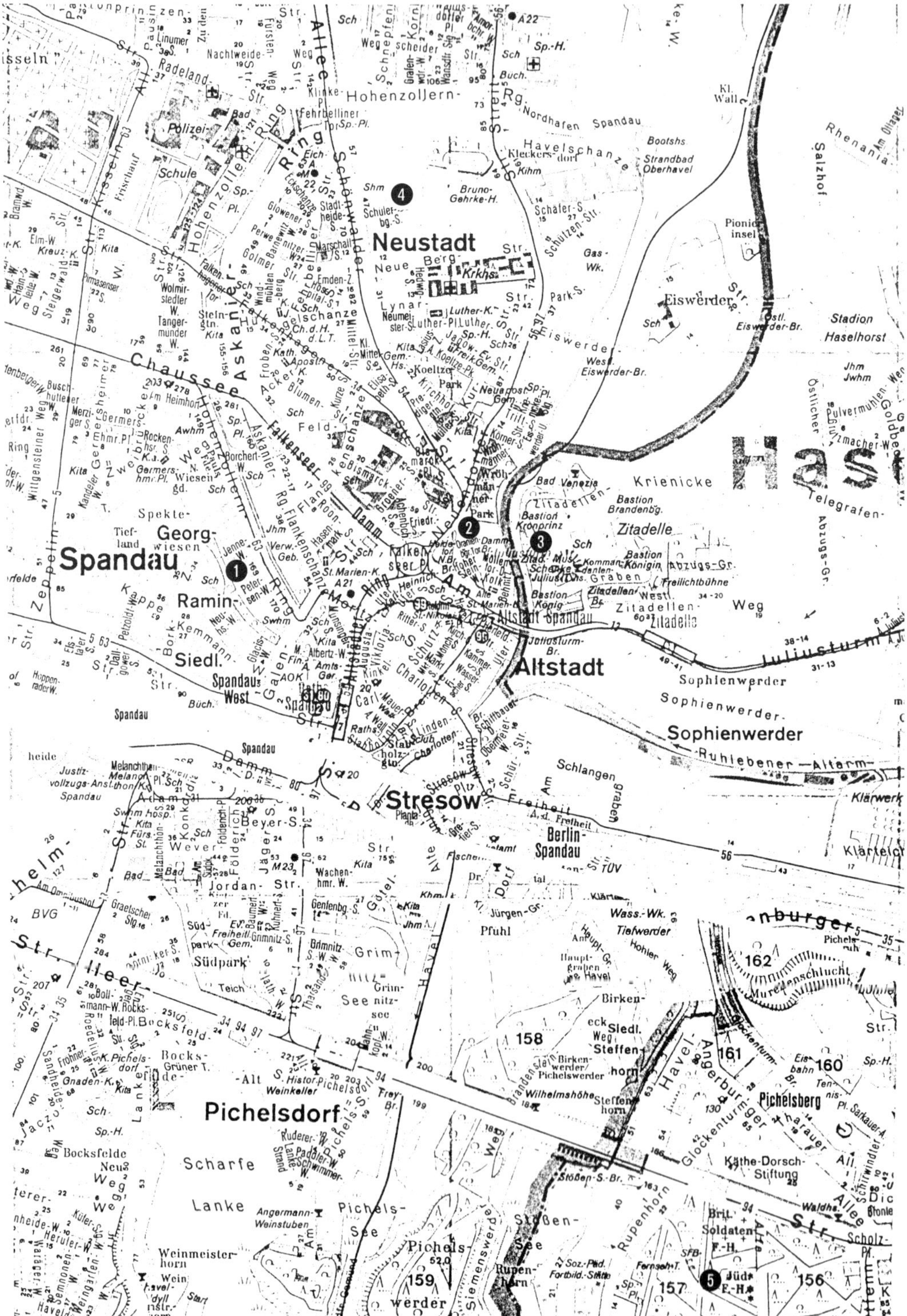
Spandau
Neustadt
Altstadt
Stresow
Pichelsdorf
Zitadelle
Eiswerder
Sophienwerder
Hohenzollern-Ring
Neue Berg-Str.
Chaussee
Falkenseer Damm
Juliusturm
Kl. Wall
Pionierinsel
Stadion Haselhorst
Bastion Brandenbg.
Bastion Kronprinz
Bastion Königin
Freilichtbühne
Zitadellen-Graben
Ramin-Siedl.
Georg-wiesen
Spandau West
Berlin-Spandau
Südpark
Grimnitz-See
Scharfe Lanke
Pichelssee
Weinmeisterhorn
Stößen-See
Pichelswerder
Wilhelmshöhe
Pichelsberg
Käthe-Dorsch-Stiftung
Glockenturmstr.
Jüd. F.-H.
Brit. Soldaten F.-H.
Murellenschlucht
Tiefwerder
Krienicke Park
Schlangengraben
Sophienwerder-Str.
Heerstr.
Havel
Hohenzollern-Rg.
Nordhafen Spandau
Strandbad Oberhavel
Bootshs.
Rhenania
Salzhof
Telegrafen-

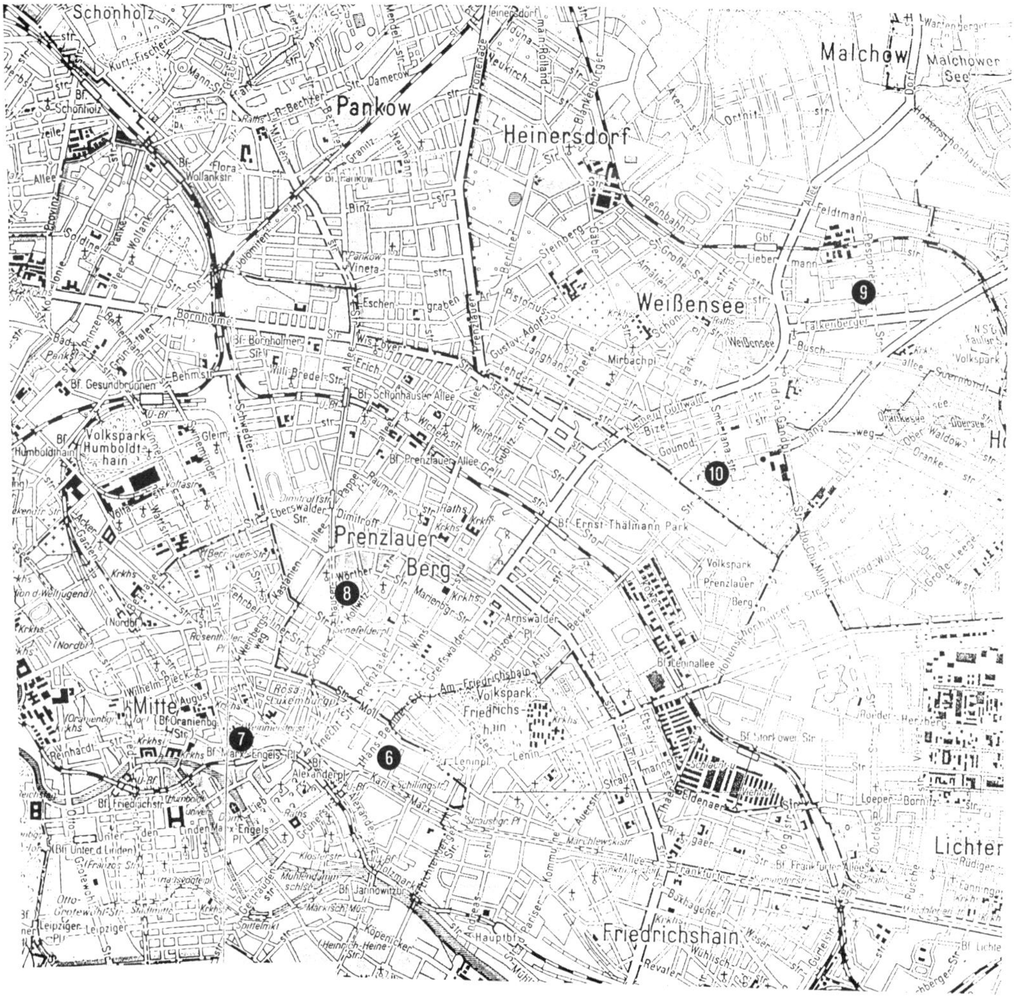

Standorte jüdischer Friedhöfe auf dem Territorium des heutigen Berlins

① Mögliche Lage des ältesten jüdischen Friedhofs, der von den Spandauer und Berliner Juden gemeinsam genutzt wurde
② Mögliche Lage des Friedhofs der Spandauer Juden im 15. Jahrhundert
③ Mögliche Lage des Friedhofs der Berliner Juden im 15. Jahrhundert
④ Der Friedhof der Jüdischen Gemeinde Spandau Bergstraße 8, gegründet 1859, im Jahre 1940 verlagert zum Friedhof Adass Jisroel.
⑤ Der Friedhof am Scholzplatz, Heerstraße, gegründet 1955.
⑥ Der Friedhof an der Judengasse, auf dem vermutlich zwischen 1539 und 1571 bestattet worden ist. Seine letzten Überreste bestanden bis 1866.

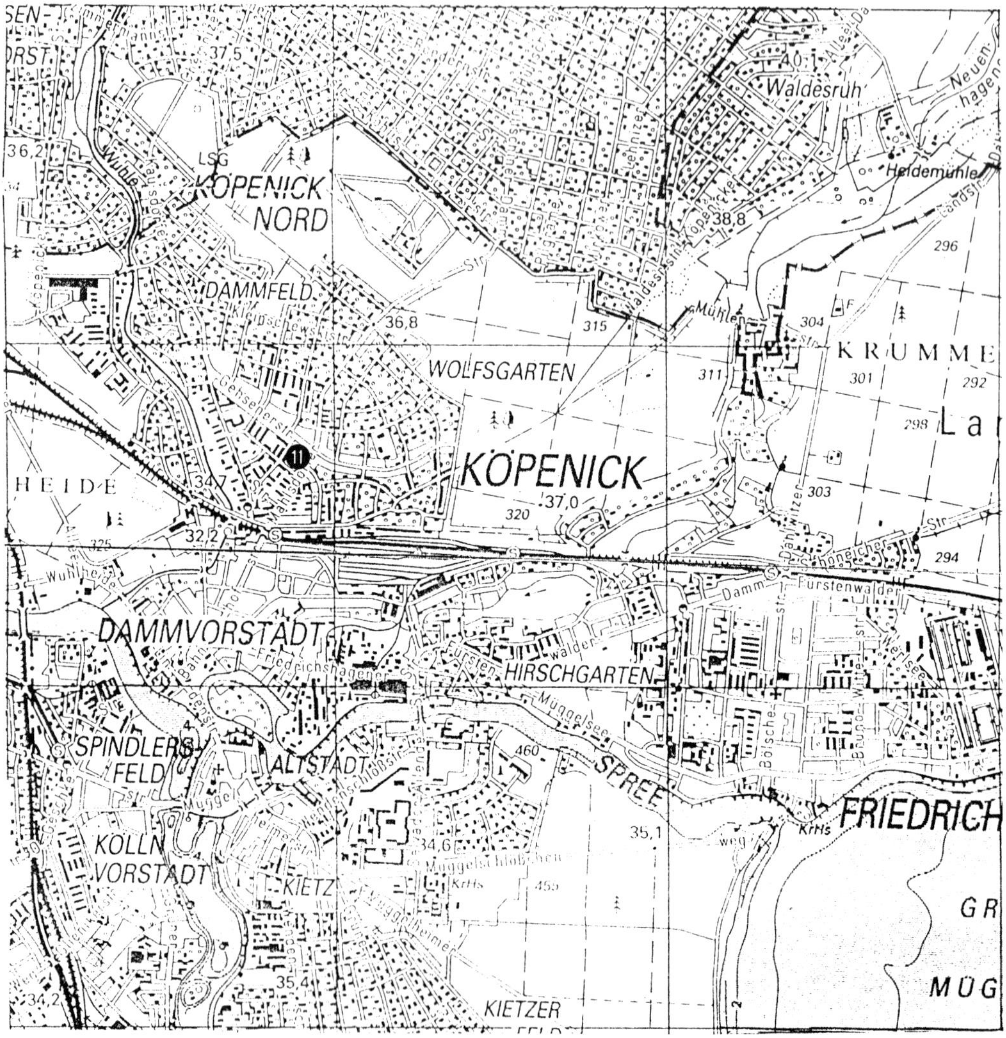

⑦ Der Friedhof Große Hamburger Straße 26, gegründet 1672, genutzt bis 1827, zerstört 1943 durch die Gestapo.

⑧ Der Friedhof Schönhauser Allee 23–25, gegründet 1827.

⑨ Der Friedhof der Israelitischen Synagogengemeinde Adass Jisroel in Weißensee, Wittlicher Straße, gegründet 1880.

⑩ Der Friedhof Herbert-Baum-Straße 45, gegründet 1880.

⑪ Der Friedhof der Jüdischen Gemeinde Köpenick, gegründet im 19. Jahrhundert, zerstört nach 1961.

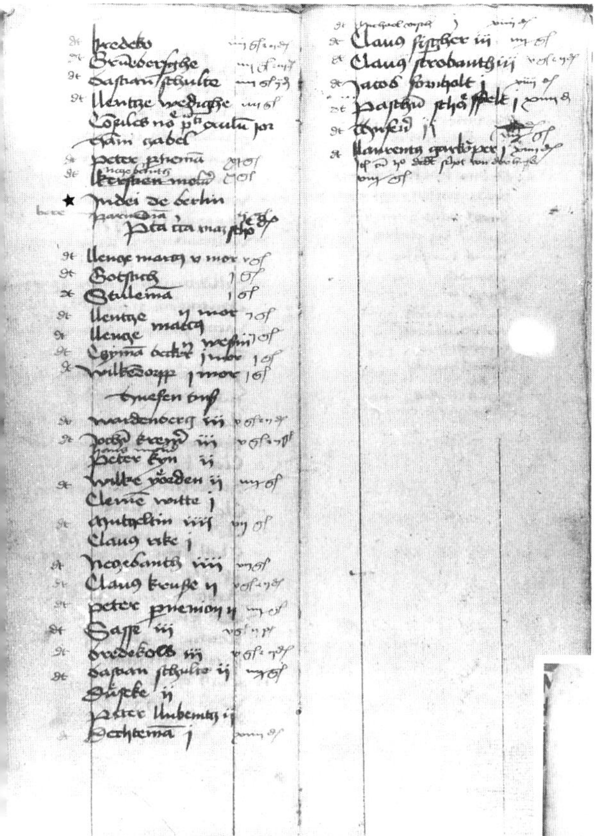

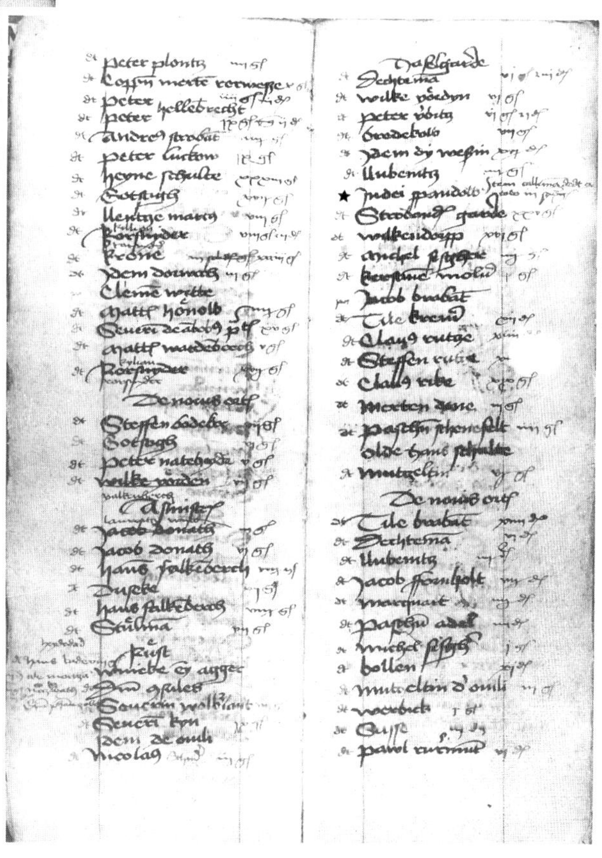

* *Eintragungen in der Spandauer Kämmereirechnung von 1464 über den Grundzins für die Friedhöfe der Spandauer und Berliner Juden*

Grabsteine der mittelalterlichen jüdischen Friedhöfe in Spandau, die im 15. oder im 16. Jahrhundert für den Bau des Palas der Zitadelle verwendet worden sind und erst in diesem geborgen wurden.
(Übersetzungen: Rabbiner Ernst Stein und Frau Gesine Palmer)

GRABSTEIN
DIESER WURDE ERRICHTET
ZU HÄUPTEN DER GRABSTÄTTE
VON HERRN
JONA SOHN VON HERRN DAN
DER GING IN SEINE
WELT IM MONAT
MARCHESCHWAN
5 (= 1244) NACH DER KLEINEN
ZEITRECHNUNG
(Ältester der bisher aufgefundenen
Grabsteine)

DIESER GRABSTEIN
WURDE ERRICHTET ÜBER DEM
HAUPT VON
DEM WOHLTÄTIGEN (oder
ehrenwerten) HERRN BENJAMIN
DEM SOHN VON HERRN
MORDECHAI DER GING
IN SEINE WELT IM MONAT
TAMUS 45 (= 1285)
NACH DER KLEINEN
ZEITRECHNUNG UND DIE
RECHENSCHAFT
SEINER TATEN MÖGE SEINE
SEELE EINGEBUNDEN SEIN IN
DEN BUND
DES EWIGEN LEBENS

DIESER GRABSTEIN WURDE
ERRICHTET
ÜBER DEM HAUPT VON FRAU
DARSINA (?) TOCHTER VON
HERRN JOSEPH (?)
DIE IN IHRE WELT GING
IM MONAT ADAR-ZWEI 72 (=
1312)
NACH DER KLEINEN
ZEITRECHNUNG

DIESER GRABSTEIN WURDE
ERSTELLT ZU
HÄUPTEN DER GRABSTELLE
VON DEM WOHLTÄTIGEN
(oder ehrenwerten) HERRN
PALTIEL SOHN VON HERRN
JOSEPH DER GING
IN SEINE WELT IM MONAT
MARCHESCHWAN
79 (= 1318) NACH DER KLEINEN
ZEITRECHNUNG

WURDE ERSTELLT
ZU HÄUPTEN
VON HERRN JIZCHAK (Isaak)
DER GING
IN SEINE WELT IM MONAT
AW 86 (– 1326) NACH DER
KLEINEN ZEITRECHNUNG
MÖGE SEINE SEELE
EINGEBUNDEN SEIN IM BUND
DES EWIGEN LEBENS

DER STEIN
DIESER DEN ICH ERSTELLT
HABE ALS
GRABMAL ZU HÄUPTEN DER
GRABSTÄTTE VON
JAAKOB SOHN DES JAAKOB DER
VERSTARB
AM FRÜHLINGSTAG IM MONAT
SCHWAT
IM JAHRE 162 (= 1402) NACH DER
KLEINEN ZEITRECHNUNG

? ? ?
KALONIMUS SOHN VON
MOSCHE (Moses)
HALEWI (dem Leviten) IM JAHR
234 (= 1474) NACH DER KLEINEN
ZEITRECHNUNG

GRABSTEIN
DIESER WURDE ERRICHTET
ÜBER
(dem Haupt von) FRAU
MALRUSCHA
(Tochter von ???)
(die) GING IN IHRE WELT IM
MONAT (???)
DIE GERECHTIGKEIT IHRER
TATEN
(sei ihr zum Munde) UND ZUM
FÜRSPRECHER VOR
IHREM SCHÖPFER

Friedhof Große Hamburger Straße

Zustand 1991

Das 0.59 ha große Gelände wurde 1672 von Mordechai Model, Sohn des David Tewele Halewi Oettingen = Model Riess erworben und der Jüdischen Gemeinde als Begräbnisplatz übergeben. Bis zum 24. Juni 1827 wurde hier beerdigt. Ein 1872 von Leiser Landshuth an Hand der noch entzifferbaren Grabmale erarbeitetes Verzeichnis enthält 2767 Grabstätten. 1943 ließ die Gestapo den Friedhof abräumen und einen tiefen Graben hindurchziehen. 1945 wurde der Friedhof nochmals zum Begräbnisplatz, als man hier Hunderte Zivilisten und Soldaten, Opfer der letzten Kriegstage, in Massengräbern bestattete. In dem 1829 eingeweihten ersten Altersheim der Jüdischen Gemeinde am Friedhofseingang Große Hamburger Straße richtete die Gestapo 1941 eines ihrer Sammellager für Juden ein und deportierte sie von hier aus nach Theresienstadt oder Auschwitz. Das Gebäude ist 1945 in den letzten Tagen des Krieges zerstört worden.

Gedenkstein

Opfer des Faschismus

Zustand 1991

Der Friedhof ist nach seiner Zerstörung durch die Gestapo dann nach dem Kriege in eine Grünanlage umgewandelt worden.

Gedenkstein für die jüdischen Deportationsopfer

Der Gedenkstein steht an der Stelle der zerstörten 1. Altersversorgungsanstalt der Jüdischen Gemeinde, die seit 1941 eines von mehreren Sammellagern für Juden in Berlin war.

Der Friedhof vor seiner Zerstörung

Der Friedhof vor der Zerstörung

Opfer des Faschismus

Die 13 Modellfiguren schuf der Bildhauer Will Lammert 1957 für eine Gruppenplastik der Mahn- und Gedenkstätte Ravensbrück. Sie wurden 1985 anläßlich des 40. Jahrestages der Befreiung vom Faschismus hier aufgestellt.

Der Friedhof am 10. September 1948

Dr. Erich Fabian, der erste Nachkriegsvorsitzende der Jüdischen Gemeinde, vor aufgestapelten Grabsteinen. Ein Teil dieser Grabsteine ist später durch einen Steinmetzmeister entwendet und für neue Grabstätten auf anderen Friedhöfen überarbeitet und verkauft worden.

Der Friedhof am 10. September 1948

Moses Mendelssohn (1729 Dessau – 1786 Berlin),
Philosoph, kam mit 14 Jahren nach Berlin, wurde Schreiber, Hauslehrer, Buchhalter und schließlich Geschäftspartner des Seidenfabrikanten Isaak Bernhard; war befreundet mit Gotthold Ephraim Lessing, Friedrich Nicolai, Thomas Abbt, Johann Georg Müchler, Karl Wilhelm Ramler und Johann Georg Sulzer; korrespondierte mit Immanuel Kant und Johann Wilhelm Ludwig Gleim; übersetzte den Pentateuch (1779) und die Psalmen (1783); schrieb u.a. »Phaedon oder über die Unsterblichkeit der Seele« (1767), »Jerusalem oder über religiöse Macht und Judentum« (1785). Dem Toten wurden bisher vier Grabsteine gesetzt.
Marcus Herz am Grabe Moses Mendelssohns. Kupferstich von Wilhelm

Marcus Herz am Grabe Moses Mendelssohns

Chodowiecki (1788), rechts im Bild gräbt sich ein Scheintoter aus der Erde.
Der 1896 errichtete Grabstein, der 1941 durch die Gestapo zerstört worden ist.
Das nach dem 2. Weltkrieg erneuerte Grab.
Der 1990 von Nachkommen Moses Mendelssohns aufgestellte Grabstein.

1896 errichteter Grabstein

Nach 1945 erneuertes Grab

1990 aufgestellter Grabstein

Veitel Heine Ephraim (1703 Berlin – 1775 Berlin),
Kaufmann, war zunächst im Juwelengeschäft des Vaters tätig; 1737 Lieferant der Berliner Münze, 1744 »Wirklicher Hofjuwelier« des Königs Friedrich II., 1750 Oberältester der Juden Berlins, 1755 Pächter der preußischen Münzstätten Königsberg, Breslau, Aurich, Kleve und 1756 der eroberten sächsischen Münzstätten. Hier prägte er minderwertige Münzen zur Finanzierung der Kriegsausgaben Friedrichs II. Ab 1762 ließ Ephraim an der Ecke Poststraße/Mühlendamm das nach ihm benannte Palais errichten. Von Ephraim ist kein Porträt überliefert. Der auf Ephraims Siegel auf einem Fisch reitende Jude, der einen kleineren Fisch an der Angel hat, könnte Ephraim selbst darstellen. Das Grab ist nicht mehr vorhanden.

Daniel Itzig (1725–1799), Kaufmann, war wie Veitel Heine Ephraim Münzpächter, Münzunternehmer, Silberlieferant und Fabrikant. Durch großzügige Schenkungen unterstützte er die Jüdische Gemeinde, so stellte er ihr auch das Gebäude zur Einrichtung der ersten jüdischen Freischule zur Verfügung. Das Grab ist nicht mehr vorhanden.

Isaak Daniel Itzig (1750–1806), Königlicher Hofbaurat in Berlin, Sohn von Daniel Itzig. Das Grab ist nicht mehr vorhanden.

Marcus Herz (1747–1803),
Arzt und Philosoph, studierte in Halle Medizin, war 1762 Schüler Kants in Königsberg, wurde Leiter des Jüdischen Krankenhauses in Berlin als Nachfolger seines Schwiegervaters, hielt in seiner Privatwohnung vielbesuchte Vorlesungen zur Philosophie Kants und zu physikalischen Problemen; wurde 1787 durch Friedrich Wilhelm II. zum Professor ernannt; Gatte von Henriette Herz, geb. de Lemos, die einen der berühmten Berliner Salons unterhielt. Das Grab ist nicht mehr vorhanden.

Amalie Beer

Jacob Herz Beer

Jacob Herz Beer (1769–1825),
Bankier, verdankte sein Vermögen Zuckerraffinerien in Gorizia/Italien und Berlin, machte sich um die Emanzipation der Juden verdient, unterhielt in seinem Haus Spandauer Straße 23 eine reformierte Privatsynagoge, die 1823 durch Kabinettsorder geschlossen wurde; seine Frau Amalie sowie seine Söhne Wilhelm Beer und Giacomo Meyerbeer sind auf dem Friedhof Schönhauser Allee begraben.

Friedhof Schönhauser Allee

Nachdem bereits 1774 das Obersanitätskollegium gefordert hatte, alle Begräbnisplätze nach außerhalb der Ringmauern zu verlegen und nachdem 1794 im Preußischen Allgemeinen Landrecht verbindlich festgelegt worden war, daß »in Kirchen und in bewohnten Gegenden keine Leichen beerdigt werden sollen«, hat die Jüdische Gemeinde 1824 vor dem Schönhauser Tor, am alten Weg nach Pankow ein 15 Morgen großes Grundstück erworben. Am 29. Juni 1827 wurde hier durch den Rabbiner Joseph Oettinger (1780–1860) der zweite Friedhof der Gemeinde eingeweiht. An diesem Ort sind mehr als 22500 Beisetzungen vorgenommen worden, die letzte in den siebziger Jahren unseres Jahrhunderts.
Während des Krieges wurden mit Ausnahme eines Pförtnerhäuschens alle Friedhofsgebäude zerstört. Bomben richteten starke Verwüstungen unter den Grabstätten an. In einem Gräberfeld wurde ein Schützengraben ausgehoben, und viele Grabsteine sind für den Bau einer Verteidigungsstellung auf der Schönhauser Allee vom Friedhof entfernt worden. Dennoch ist der Friedhof in seiner Grundsubstanz erhalten und stellt auch heute noch ein beachtenswertes Zeugnis deutsch-jüdischer Kulturgeschichte dar.

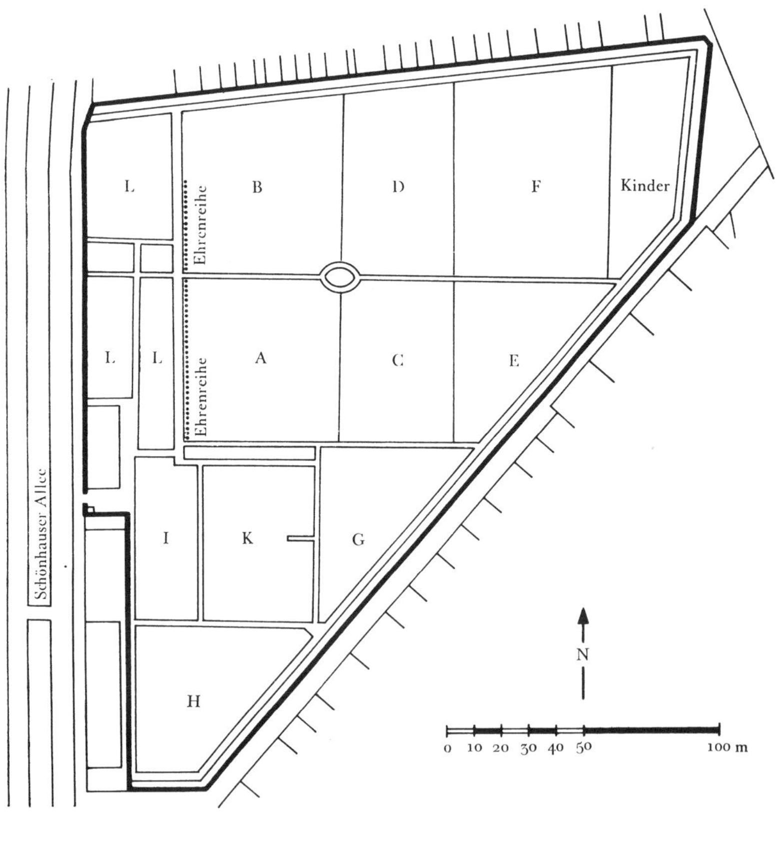

Eingang
Nach kriegsbedingten Zerstörungen stark verändert.

Gedenkstätte
Anstelle der zerstörten Trauerhalle und des Tahara-Gebäudes 1961 im »Nationalen Aufbauwerk« durch freiwillige Helfer in unbezahlter Tätigkeit geschaffen nach einem Entwurf des Architekten Ferdinand Friedrich.

Ehrenreihe

Ehrenreihe

Ehrenreihe an der Abteilung A

Ursprünglich nur Bestattungsort für Rabbiner, Rabbinatsassessoren und deren Ehefrauen; später wurden hier auch andere Verstorbene beigesetzt, die sich um die Jüdische Gemeinde oder um das Judentum besonders verdient gemacht hatten.

Wandgräber an der Nordseite

Wandgräber an der Ostseite

Wandgräber an der Südseite

Grabstätte Sara Meyer

Grabstätte Sara Meyer

Die am 26. Juni 1827 verstorbene 48jährige Zirel (Sara) Meyer, Witwe des Armenvorstehers Moses Meyer, wurde am 29. Juni 1827 als erste auf diesem Friedhof beigesetzt.

Tor zur Kommunikation

Tor zur Knaakstraße 41

Märzgefallene

Soldatengräber

Tor zur Kommunikation
Angelegt als Zufahrt für Leichentransporte, weil es als Ärgernis empfunden wurde, wenn Mitglieder des Königshauses bei ihren Ausfahrten zum Schloß Niederschönhausen Trauerzügen begegneten. Kommunikation nannte man im 19. Jahrhundert einen Verbindungsweg zwischen Radialstraßen oder, wie hier, im Torbereich; im Volksmund hier Judengang genannt. Das vorhandene eiserne Tor entstand zwischen 1910 und 1920.

Tor Knaakstraße 41
Hier, an der früheren Treskowstraße, begann der sogenannte Judengang.

Märzgefallene
Die meisten gefallenen Kämpfer der Märzrevolution wurden am 22. März 1848 auf dem Friedhof der Märzgefallenen im Friedrichshain bestattet. Die Trauerreden hielten ein protestantischer, ein katholischer Geistlicher und der Rabbiner Dr. Michael Sachs. Weil Alexander Goldmann, 18 Jahre alt aus Potsdam, und Simon Barthold, 21 Jahre alt aus Schievelbein, erst später ihren in den Kämpfen erlittenen Verletzungen erlegen waren, wurden sie an einem Ehrenplatz auf dem jüdischen Friedhof beigesetzt.

Soldatengräber
An dieser Stelle ruhen gefallene Soldaten der Kriege von 1866 und 1870/71, unter ihnen auch zwei Österreicher, die 1866 in der Gefangenschaft gestorben waren.

Arbeitseinsatz
Zwischen 1984 und 1990 wurden auf den jüdischen Friedhöfen Instandsetzungsarbeiten vielfach durch freiwillige, unbezahlte Helfer ausgeführt. Hier sind Schülerinnen und Schüler mit ihrer Lehrerin 1989 bei der Freilegung eines zugewachsenen Weges.

Weißensee, Herbert-Baum-Straße

Der mit 42 ha Fläche heute größte jüdische Friedhof in Europa wurde nach einem Entwurf des Architekten Hugo Licht angelegt und am 9. September 1880 eingeweiht.
Repräsentative Bauten im Stil der italianisierenden Neorenaissance bilden den Haupteingang an der jetzigen Herbert-Baum-Straße. Das Friedhofsgelände ist streng geometrisch gegliedert. 1988 wurde auf den Bau einer seit 1862 geplanten Hauptverkehrsstraße, die das Friedhofsgelände in zwei Teile zerschnitten hätte, verzichtet. Ein 1910 gebauter zweiter Feierhallenkomplex im SO-Teil des Friedhofs sowie die große Friedhofsgärtnerei sind im Kriege durch Bomben zerstört worden.
Seit 1924 hat der Friedhof an der heutigen Indira-Gandhi-Straße einen zweiten Zugang für Besucher. Die erste Beisetzung fand auf diesem Friedhof am 22. September 1880 statt. Seitdem wurde hier ständig - auch in der Zeit des Nationalsozialismus - bestattet. Das Beisetzungsregister des Friedhofs ist vollständig erhalten geblieben, so daß auch heute noch die Lage jeder Grabstätte nachgewiesen werden kann.

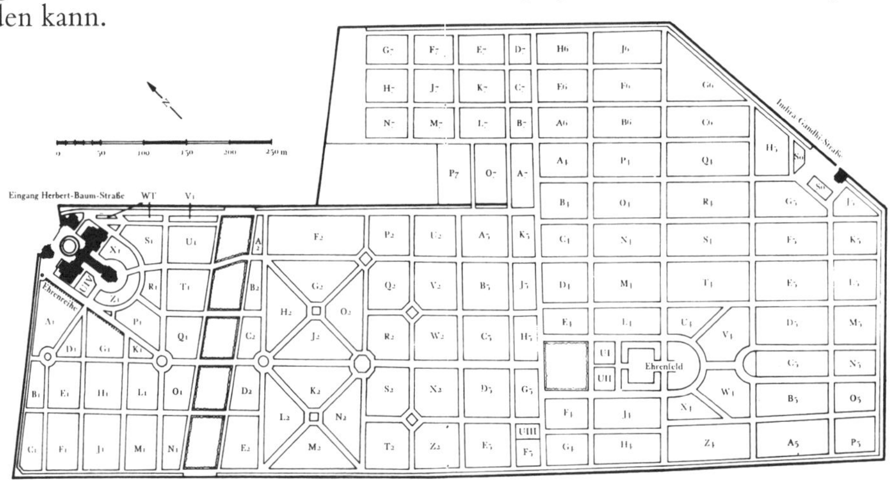

Eingang Herbert-Baum-Straße
Das von dem Kunstschmied Fabian gestaltete eiserne Tor und die Toreinfassung aus gelbem Ziegelmauerwerk bilden die Nordseite eines durch Bauten gefaßten quadratischen Ehrenhofes. In dessen Mitte befindet sich ein Rondell, in dem um einen grossen Gedenkstein zur Erinnerung an die zwischen 1933 und 1945 ermordeten Juden Steinplatten angeordnet sind. Auf ihnen finden wir die Namen faschistischer Konzentrationslager verzeichnet.

Zustand um 1880
Die Arkaden, die das Taharagebäude, die große Trauerhalle und das Wohndienstgebäude untereinander verbinden, waren ursprünglich offen. Sie sind erst nach 1900 teilweise mit Brüstungsmauern versehen und verglast worden.

Eingang Herbert-Baum-Straße 45

Zustand um 1880

Ehrenreihe

Wandgräber an den Feldern A1 – B1 – C1

Wandgräber an den Feldern M2 – T2 – Z2

Wandgräber an den Feldern F2 – P2 – U2

Ehrenhain – Eingang

Ehrenhain mit Gefallenendenkmal

Gräber russischer Soldaten

Grab Michael Bodjanas

Gräber von Opfern aus Konzentrationslagern

Urnengräberfeld

Kindergräber

Grabsteine von Köpenick

Eingang Indira-Ghandi-Straße

Neue Mauer – Innenseite

Neue Mauer – Außenseite

Ehrenhain für gefallene jüdische Soldaten
Nachdem bereits 45 gefallene jüdische Soldaten auf dem Friedhof bestattet worden waren, beschloß der Gemeindevorstand 1915, südlich der Neuen Trauerhalle einen Ehrenhain für jüdische Opfer des Weltkrieges anzulegen. Ab 1926 wurde die endgültige Gestaltung nach einem Entwurf des Gemeindebaumeisters Alexander Beer vorgenommen.

Ehrenhain - Gefallenendenkmal
Das Denkmal wurde nach antiken Vorbildern als monumentaler Altar gestaltet. Seine feierliche Enthüllung fand im Juni 1927 statt.

Gräber russischer Soldaten
9 russische, jüdische Soldaten, die während des 1. Weltkrieges in Gefangenenlagern in oder bei Berlin verstorben waren, ruhen hier.

Grab Michael Bodjanas
Grabstätte eines sowjetischen, jüdischen Soldaten, der 1945 wenige Tage nach der Befreiung Berlins gestorben ist.

Gräber von Opfern aus Konzentrationslagern
Bis 1943 sind Familienangehörigen mehr als 800 Urnen mit den Aschen ihrer in nationalsozialistischen Haftanstalten ermordeten Verwandten als Nachnahmesendungen durch die Post zugestellt worden. Viele Urnen wurden hier beigesetzt.

Urnengräberfeld
Traditionell war im Judentum die Körperbestattung üblich. Deshalb führte die im 19. Jahrhundert wieder aufkommende Einäscherung häufig zu Kontroversen. Dennoch haben sich auch Juden nach ihrem Tode vielfach einäschern lassen. Während die Aschen zunächst noch in Särgen beigesetzt worden sind, wurde 1926 nahe der Neuen Trauerhalle eine Urnenabteilung angelegt, der dann später noch drei weitere folgten.

Kindergräber
Die in der Vergangenheit sehr hohe Kindersterblichkeit hat auch vor der jüdischen Gemeinschaft nicht haltgemacht. Entsprechend groß ist die Anzahl an Kindergräberfeldern. Jedes Grab wurde durch einen Stein gekennzeichnet.

Grabsteine von dem nach 1961 im Rahmen des Wohnungsbaues abgeräumten jüdischen Friedhof Köpenick, Mahlsdorfer Straße.

Eingang Indira-Gandhi-Straße
Der 1924 eröffnete zweite Eingang für Besucher mit einem kleinen Eingangsgebäude, in dem ein Raum für einen Pförtner und WC-Anlagen bestanden.

Neue Mauer - Innenseite
Nachdem weite Teile der Friedhofsmauer zur Indira-Gandhi-Straße und zu einer benachbarten Getränkefabrik eingestürzt waren, wurde sie 1983/84 auf 750 m Länge durch eine neue aus Betonfertigteilen ersetzt. Die Kosten in Höhe von 2,5 Millionen Mark trug der Magistrat von Berlin.

Mauer - Außenseite
In die neue Mauer wurden Gitter und reliefierte siebenarmige Leuchter als Dekorelemente eingeblendet.

Künstlerisch gestaltete Grabmale

Die jüdischen Friedhöfe Schönhauser Allee und Weißensee enthalten einzigartige Sammlungen der Berliner Grabmalkunst des 19. und des 20. Jahrhunderts. In den Reihengräberabteilungen ist die Entwicklung von der schlichten traditionellen Sandsteinstele über die Marmorstele und -säule zu immer aufwendigeren Grabmalen aus polierten Hartgesteinen auch heute noch ablesbar. Monumentale Erbbegräbnisse, in der Schönhauser Allee 750 und in Weißensee mehr als 3 500, dienten von Anfang an der Repräsentation von Familien des Bürgertums. Vom Klassizismus über die unterschiedlichen Ausdrucksformen des Historismus bis hin zum Jugendstil, zum Expressionismus und zur Neuen Sachlichkeit finden wir hier alle Epochen der bildenden Kunst vertreten. Wenn auch die Schöpfer der meisten Grabmale heute nicht mehr ermittelt werden können, so entdecken wir doch, daß hier wie auch auf anderen Berliner Friedhöfen so manch ein zu seiner Zeit bekannter Architekt oder Bildhauer tätig gewesen ist.

Grabmal Samuel Bacher Berend

Schönhauser Allee

Grabmal Samuel Bacher Berend – Abteilung B/Mauer

Die nach antikem römischem Vorbild gestaltete Marmorstele ist ein markantes Beispiel für die Grabmalkunst des Frühklassizismus. Den schlichten und ausgewogen proportionierten Stein ließ die Jüdische Gemeinde Samuel Bacher Berend (1772–1828) setzen, der sich als Oberlandesältester der Juden in der Kurmark und als Ältester der Berliner Gemeinde große Verdienste erworben hatte.

Grabstätte Riess – Burg – Abteilung B / Mauer

Grabstätte Israel Hirschfeld – Abteilung F / Mauer

Grabstätte Joseph Tobias Goldberger – Abteilung F

Grabmal Joachim Liebermann – Abteilung E / Mauer

Grabstätte Helene und Paul Meyer – Abteilung G

Grabmal Adele Fränkel – Abteilung K

Grabmal Gerson von Bleichröder – Abteilung L

Grabmal Liebermann von Wahlendorf – Abteilung G

Grabstätte A. Ginsberg – Abteilung L

Grabmal D. Kappel – Abteilung L

Grabstätte S. Haberland – Abteilung L

Grabmal G. Haberland – Abteilung L

Grabstätte Seligsohn – Abteilung C-D

Grabstätte Pitsch – Abteilung F

Grabstätte Herz-Katz-Grau – Abteilung E

Grabstätte **Riess - Burg** – Abteilung B/Mauer
Das große Wandgrab ist im ägyptisierenden Stil angelegt. Auf demselben Friedhof befindet sich noch ein weiteres dieser Art. Die Grabsteine für die einzelnen Verstorbenen stehen quer zur Wand und damit auch zum Weg, denn die Verstorbenen wurden hier in O-W-Richtung beigesetzt. In dieser Grabstätte ruht auch der »Judenmajor« Meno Burg (1789–1853), der einzige Jude, der in der preußischen Armee des 19. Jahrhunderts bis in den Rang eines Stabsoffiziers gelangt ist.

Grabstätte **Israel Hirschfeld** – Abteilung F/Mauer
Die Grabstätte für Israel Hirschfeld (1801–1866), eine auf hohem Sockel stehende fünfachsige Kolonnade mit Seitenflügeln aus zwei freistehenden Säulen und einem kranzgeschmückten Architrav, schuf Johann Heinrich Strack (1805–1880), ein Schüler und Mitarbeiter Karl Friedrich Schinkels. Strack hat in Berlin als Nachfolger Stülers die Staats- und Hofbauten in Preußen beeinflußt.

Grabstätte **Joseph Tobias Goldberger** – Abteilung F
Die Grabstätte des Fabrikanten Joseph Tobias Goldberger (1825–1869), eine dreiseitige Marmorkolonnade mit je zwei ionischen Säulen und mit Pfeilern an den Ecken auf niedrigem Sockel, steht ebenfalls unverkennbar in der Schinkelnachfolge. Die beiden Marmorstelen sind sogar jener des Schinkelgrabes nachgebildet, nur daß wir hier in den Palmettenakroterien anstelle einer allegorischen Figur Mohnkapseln als Symbol des ewigen Schlafes finden.

Grabstätte **Joachim Liebermann** – Abteilung E
Das große gußeiserne Wandgrab für Joachim Liebermann (1778–1853) ist ein Werk des Architekten der zerstörten Synagoge der Reformgemeinde in der Johannisstraße, Gustav Stier (1807–1860). Stier, der wie Strack aus dem Mitarbeiterkreis K. F. Schinkels kam, hat bei diesem Grabmal die verbreiteten klassizistischen Formen um orientalisierende Elemente bereichert.

Grabstätte **Helene und Paul Meyer** – Abteilung G
Eine abgebrochene Säule auf hohem Postament, dekoriert mit Palmenzweig und Rosengirlande kennzeichnet das Grab der jung verstorbenen Helene Meyer (1857–1898). Das Marmordenkmal soll Trauer und liebendes Gedenken des Gatten ausdrücken. Sein eigenes Grabmal daneben, eine Sockelplatte mit Rosen und Trauerflor, ist hingegen wesentlich bescheidener ausgeführt.

Grabmal **Adele Fränkel** – Abteilung K
Streng naturalistisch aufgefaßt ist das Sandsteingrabmal für Adele Fränkel (1822–1874). Es hat die Form eines starken Eichenstammes, der seine Krone verloren hat. An dem gebrochenen Stamm windet sich eine Schlange zu einem Nest empor, über das ein Vogel schützend seine Fittiche breitet. Das Grabmal trägt die Signatur des sonst unbekannten Bildhauers L.Seegall, Breslau, der hier auf diesem Friedhof mit noch einer weiteren ähnlichen Arbeit vertreten ist.

Grabmal **Gerson von Bleichröder** – Abteilung L
Eine üppig mit Rosen drapierte amphorenartige Henkelvase krönt ein hohes quadratisches Postament, das auf einem mehrstufigen Sockel steht. Am Sockel das Wappen Gerson von Bleichröders (1822–1893), der 1872 als erster Jude in Preußen in den erblichen Adelsstand erhoben worden war. Bleichröder hatte zunächst den ihm befreundeten Bildhauer und Hauptmeister des Berliner Neubarocks, Reinhold Begas (1831–1911), mit dem Entwurf für ein Familienmausoleum betraut. Dessen Kostenvoranschlag über 75000 Mark war Bleichröder jedoch zu hoch. Deshalb ließ er das wesentlich einfachere Grabmal durch den jüngeren Bruder Carl Begas (1848–1916) ausführen, allerdings auch in Carraramarmor.

Grabmal **Liebermann von Wahlendorf** – Abteilung G
Auf einem fast mannshohen, mehrfach abgestuften Sockel steht ein Sarkophag, auf dem eine schwere, ornamentierte, faltige und mit Troddeln gerandete Decke liegt. Die Sockelstufen werden von drapierten Schilden unterbrochen, an den Ecken stehen mit Eichenkränzen und Fransen dekorierte Pfosten. Das prunkvolle neubarocke Grabmal ist aus Marmor gefertigt für Adolf Ritter Liebermann von Wahlendorf (1829–1893). Der Bildhauer des Denkmals ist unbekannt.

Grabstätte **A. Ginsberg** – Abteilung L
Vor einer sehr hohen, glattflächigen Stele, die nur mit wenigen klassizistischen Dekorelementen geschmückt ist, steht ein längsgeteilter Sarkophag. Der ornamentierte Sarkophag auf Löwenfüßen wird zur Hälfte durch ein Tuch mit tiefen Falten sowie von einem Palmwedel und einer Rosengirlande bedeckt. Der Gegensatz zwischen dem locker und leicht anmutenden Schmuck des Sarkophags und den glatten Flächen der Stele sowie den Wangen des Marmorgrabmals ist von außerordentlichem Reiz. Geschaffen wurde diese Anlage für den Fabrikanten Adolf Ginsberg (1838–1898).

Grabmal **D. Kappel** – Abteilung L
Streng axial gegliedert ist das Grabmal für David Kappel (1840–1905). Auf quaderförmigen kantigen Sockelsteinen steht ein Sarkophag, ebenso kantig. Als Dekor trägt der Sarkophag ein Mäanderband, eine symmetrisch angeordnete Girlande aus Lorbeerlaub sowie, ebenfalls symmetrisch, zwei Palmenzweige, die von einem Rosenbukett zusammengehalten werden. Das Marmorgrabmal ist stilistisch dem Neuklassizismus zuzuordnen, sein Schöpfer ist unbekannt.

Grabstätte **S. Haberland** – Abteilung L
Sehr eigenwillig gestaltet ist die Grabanlage für Salomon Haberland (1836–1914). Es ist ein Portikus, bestehend aus vier ionischen Säulen, die von Pfeilern gerahmt einen hohen Architrav tragen. Die Pfeiler sind geschmückt mit Farnen und Eidechsen sowie mit früchtetragenden Palmen und Vögeln, der Architrav hingegen mit Palmwedeln und Religionssymbolen. Einschließlich der eigenartig technisiert geformten Grabeinfassung besteht das gesamte Grabmal aus Marmor.

Grabmal **G. Haberland** – Abteilung L
Ein kleiner Monopteros aus acht Säulen, die eine mehrstufige Kuppel tragen, steht auf einem hohen Sockel. In dem Rundtempel eine Urne, wie alle übrigen Teile des Grabmals für Georg Haberland (1861–1933) besteht auch sie aus grauem Granit.

Grabstätte **Seligsohn** – Abteilung C-D
Über einem quadratischen, sich leicht zur Basis verjüngenden Sockel erhebt sich auf einem Hochbeet eine vierseitige Pyramide. Die Einfassungen des Hochbeetes bestehen wie der Sockel und die glattflächige Pyramide aus grobporigem Kalkstein. Die Grabstätte, in der auch der im KZ Sachsenhausen ermordete Rechtsanwalt Julius L. Seligsohn (1890–1942) beigesetzt ist, wurde in den zwanziger Jahren unseres Jahrhunderts von dem Architekten Otto Firle (1889–1966) entworfen, der auch z.B. das Gemeindezentrum St. Laurentius in Berlin-Köpenick geschaffen hat.

Grabstätte **Pitsch** – Abteilung F
Eine schmiedeeiserne, reich von rokokohaftem Gitterwerk umrahmte Kartusche ziert das Grab des Klempnermeisters Joseph Pitsch (1815–1892) und seiner Ehefrau.

Grabstätte **Herz-Katz-Grau** – Abteilung E
Das Denkmal der Familie Herz-Katz-Grau ist ein freistehendes Wandgrab aus Muschelkalk. Die monumentale Wand ist gequadert mit einem ornamentierten Gesims. Fenstern ähnlich stehen die Namenstafeln in der Wand, die durch eine Mittelnische geteilt wird. Darin steht eine große Urne. Ein stilisierter Palmettenfächer bekrönt die Nische. Geschaffen wurde das Grabmal nach 1920 von dem Architekten Max Landsberg (1878–1930), der ein Schüler und Mitarbeiter Alfred Messels war und der auch die Grabmale für Louis Oppenheim auf demselben Friedhof und für Salomon Neumann in Weißensee entworfen hat.

Weißensee

Grabstätte **Elieser Lewin** – Feld L7
Die gut gestaltete hebräische Quadratschrift, die die Grabplatte völlig ausfüllt, wirkt eindrucksvoller, als so manches aufwendigere Grabmal.

Grabstätte **Michaelis** – Feld C1/Mauer
Unter den zahllosen historisierenden Wandgrabmalen an der Nordwest- und der Südwestmauer des Friedhofs fällt jenes in der Westecke besonders auf. Sechzehn korinthische Säulen auf halbhohem Sockel bilden einen zentralisierenden offenen Bau, der von einem achteckigen Tambour mit einer oben offenen Kuppel bekrönt wird. Das Grabmal im Stil der italienischen Hochrenaissance stammt von August Orth (1828–1901), dem Architekten bedeutender Bauwerke, wie der Zions- und der Gethsemanekirche in Berlin und der evangelischen Kirche in Bethlehem.

Grabstätte **L. Levy** – Feld L4
Ein mächtiges zylindrisches Pfeilersegment, gekrönt von einem Rosenbukett, bildet das Kernstück eines monumentalen Eckgrabes. Die Anlage korrespondiert mit dem gegenüberliegenden Tor zum Ehrenhain aus Zyklopenmauerwerk. Die Grabanlage für Leo Levy (1861–1921) wurde von dem Steinmetzmeister Carl Schilling nach dem Entwurf des Bildhauers Gustav Eberlein (1847–1926) ausgeführt. Eberlein, ein Schüler Gustav Bläsers, hat im Berlin der Kaiserzeit mehrere bekannte Denkmale geschaffen, so z.B. für Richard Wagner, Albert Lortzing und den Freiherrn vom Stein.

Grabstätte **R. Mosse** – Feld M1/Mauer
Einem Pronaos, einer Vorhalle zu einem griechischen Tempel, nachgebildet wurde das Mausoleum der Familie des Verlegers Rudolf Mosse (1843–1920). Die Front wird von Pfeilern gefasst, zwischen denen dorische Säulen stehen. Das Material ist roter Granit, poliert. Von der ursprünglich sehr reichen Bronzeausstattung sind nur noch Reste vorhanden. Errichtet wurde das imposante Mausoleum nach 1885, dem Sterbejahr des Bruders Wolfgang Mosse.

Grabmal **Aschrott** – Feld C2
Über einem trapezförmigen Grundriß mit konvex ausschwingender Vorderseite steht ein mächtiger Unterbau, abgeschlossen von einem breiten Architrav. Dieser trägt auf zur Mitte hin eingerückten Pfeilergruppen einen pyramidenförmigen Turmhelm mit einem durchbrochenen Davidstern und einer orientalisch geformten Haube. Das gesamte Bauwerk besteht aus poliertem rotem Granit, zwei Sarkophagabdeckungen aus gleichfalls poliertem Labrador. Die Kuppel ist innen vergoldet. Das kolossale Mausoleum wurde nach 1890 durch Bruno Schmitz (1858–1916) geschaffen. Von Schmitz stammen u.a. auch das Leipziger Völkerschlachtdenkmal sowie die Kaiserdenkmale auf dem Kyffhäuser, an der Porta Westphalica und am Deutschen Eck bei Koblenz.

Grabstätte Elieser Lewin – Feld L7

Grabstätte Michaelis – Feld C1/Mauer

Grabstätte L. Levy – Feld L4

Grabstätte R. Mosse – Feld M1/Mauer

Grabmal Aschrott – Feld C2

Grabmal Rosalie Ernst – Feld F2

Grabstätte Katz-Lachmann – Feld WT/Mauer

Grabstätte M. Mecklenburg – Feld V1/Mauer

Grabstätte A. Hoffmann – Feld F2/Mauer

Grabstätte E. Panofsky – Feld WT/Mauer

Grabmal H. Kalischer – Feld I2

Grabmal I. Baer – Feld B1

Grabmal **Rosalie Ernst** – Feld F2
Mit ungemein reichem Dekor ausgestattet ist das Grabmal der Rosalie Ernst (1853–1899). Über einem quadratischen Grundriß erhebt sich, leicht erhöht und von Balusterschranken eingefaßt, ein Ciborium. Die Schäfte der acht Säulen sind in ihren unteren Teilen mit Girlanden umwunden. Auf dem Architrav stehen Volutengiebel mit Rosendekor, darüber eine doppelt gestufte kupferne Laterne. Ein Mosaikbild an der Rückwand zeigt einen fülligen Rosenstrauß, gewiß ein Bezug auf den Vornamen der Verstorbenen.

Grabstätte **Katz-Lachmann** – Feld WT/Mauer
Ein grottenähnliches Gewölbe aus schwerem Rustikamauerwerk von Kalkstein mit Fensteröffnungen in der Vorderseite und der Decke – so bietet sich uns das Mausoleum Katz-Lachmann dar. Geschaffen hat es für seine Familie der Baumeister des früheren Warenhauses Jandorf an der Brunnen-/Ecke Veteranenstraße, Louis Lachmann (1860–1910).

Grabstätte **M. Mecklenburg** – Feld V1/Mauer
Die offene Halle auf Eckpfeilern mit eingerückten Säulen für Mathilde Mecklenburg (1884–1907) erinnert an die südfranzösische Romanik um 1100, während die prachtvolle Fensterrose im Giebel die Gotik zum Vorbild hat.

Grabstätte **A. Hoffmann** – Feld F2/Mauer
Der üppige Pflanzendekor an den Seitenfenstern des Mausoleums widerspiegelt die Kunst der mitteleuropäischen Romanik, wohingegen das Mosaik im Inneren des Mausoleums für Adolf Hoffmann (1847–1907) seine Wurzel im Byzantinischen hat.

Grabstätte **E. Panofsky** – Feld WT/Mauer
Die Wand besteht aus gesägten Muschelkalkplatten, in die fensterartig fünf gleichförmige Namenstafeln mit Lünetten eingelassen sind. Die Tafeln werden durch Pilaster eingefaßt, darüber ein Architrav, auf dem eine schwere Festonkette liegt. Errichten ließ sich das Grabmal der Bankier und langjährige Vorsitzende der Berliner Hochbaudeputation, Eugen Panofsky (1855–1922) von Ludwig Hoffmann (1852–1932), der von 1896 bis 1924 als Stadtbaurat das Berliner Bauwesen maßgeblich beeinflußt hat.

Grabmal **H. Kalischer** – Feld I2
Ein typisches Beispiel für den Jugendstil bietet sich im Grabmal für Henriette Kalischer (1845–1900) dar. In einem Tympanon lesen wir aus dem Hohenlied Salomos: »Stark wie der Tod ist die Liebe, unwiderstehlich wie das Grab ist ihre Gewalt.« Die Majuskeln, in denen der Spruch geschrieben ist, scheinen in Ranken von Efeu überzugehen, jene Pflanze, die seit altersher als Zeichen für Treue und Fruchtbarkeit gilt.

Grabmal A. Cohn – Feld R2

Grabstätte M. Becker – Feld E2/Mauer

Grabmal J. Schwarz – Feld A6

Grabstätte J. Appelbaum – Feld S1

Grabstätte M. Goldschmidt – Feld WT

Detail

Grabmal A. Köhler – Feld G2

Grabstätte Th. L. David – Feld I2

Grabstätte Jolles-Ehrensaal – Feld C3

Grabstätte D. Dridso – Feld O4

Grabstätte M. Israel – Feld M1

Grabmal S. Rawitzki – Feld L5, Reihe 6

Grabmal A. Wolff – Feld G5, Reihe 20

Grabstätte O. Loewenberg – Feld V1

Grabmal L. Fränkel – Feld F5, Reihe 19

Grabstätte T. Wallach – Feld A7

Grabstätte N. Garfunkel – Feld C6

Grabmal A. Mendel – Feld P4

Grabstätte M. u. P. Schwarz – Feld O4

Grabsteine Schocken – Adass Jisroel, Feld F1

Grabmal **I. Baer** – Feld B1
Eine hohe, strenge Rückwand und geschweifte Seitenlehnen vermitteln den Eindruck eines mächtigen Thronsessels. Das aus poliertem rotem Granit bestehende Grabmal trägt floralen Dekor aus Kupferblech, darunter zwei kugelförmige Buketts im Sezessionsstil. Grabmale in Thronsesselform, wie das von Israel Baer (1824–1905), finden wir auf diesem Friedhof mehrfach.

Grabmal **A. Cohn** – Feld R2
Zwischen zwei sich nach oben verjüngenden Pylonen hängt gleichsam eine Bronzetafel mit dem Namen des Verstorbenen, Alfred Cohn (1861–1932). Die Pylonen sind durch ein senkrechtes Band türkisfarbener Emailleplatten ausgelegt, vor denen sich ursprünglich durchbrochene Bronzedekorbänder befanden. Auf den Pylonen stehen typische Jugendstilgebilde aus züngelnden Flammen und Pflanzenmotiven. Das Grabmal aus schwarzem Odenwald-Syenit wurde nach 1903 von Otto Stichling (1866–1912) geschaffen.

Grabstätte **M. Becker** – Feld E2/Mauer
Eine Architekturkulisse, streng geometrisch aufgebaut aus stehenden Rechteckfeldern und -öffnungen stellt das Grabmal für Moritz Becker (1830–1901) dar. Entworfen wurde es von dem Architekten Martin Dülfer (1859–1942), der sich vor allem durch seine Theaterbauten einen Namen gemacht hat.

Grabmal **J. Schwarz** – Feld A6
Vierzehn dorische Säulen auf niedriger Fundamentplatte tragen das Dach eines griechischen Tempels. Im Inneren steht ein Quader mit der Inschrift aus dem 90. Psalm: »Herr Gott du bist unsere Zuflucht für und für.« Der aus Travertin bestehende Tempel ist das Grab des Kammersängers Josef Schwarz (1881–1926). Es ist überliefert, daß der Tempel in der NS-Zeit zeitweilig untergetauchten Juden Zuflucht geboten hat.

Grabstätte **M. Goldschmidt** – Feld WT
Die Vorderfront der langgestreckten rechteckigen Anlage öffnet sich in acht Rundbögen. Diese sind, wie je zwei Bögen in den Schmalseiten, gleichsam aus dem glatten Mauerwerk herausgeschnitten. In die acht Rundbögen der Vorderseite sind Gitter eingelassen aus mit lanzettförmigen Blättern geschmückten Vierpässen, in deren Zentren im Wechsel Davidstern, Sanduhr, Schlange oder Initialien der Familienangehörigen eingefügt sind. Den Rahmen der Gitter krönen stilisierte Palmen. Die im übrigen schmucklose Rückwand der Grabstätte wird durch zwei Ädikulen unterbrochen, die Nischen einfassen, in denen auf hohen kannelierten Sockeln Vasen stehen. Zwei Epitaphien aus sehr feinem, rot geädertem Marmor tragen die Namen und Lebensdaten der hier Bestatteten. Das Grab mal für den Bankier Markus Goldschmidt (1851–1922) und dessen Familie ist ein hervorragendes Beispiel für die geglückte Verbindung traditioneller und neuzeitlicher Formelemente.

Grabstätte **J. Appelbaum** – Feld S1
Ein Haus mit Satteldach und geschlossener Rückwand, dessen Vorderfront und Seiten durch dreiteilige Säulenarkaden gegliedert werden, so zeigt sich uns das Grabmal für Jacob Appelbaum (1839–1911). Wie bei den Vorbildern dieses Bauwerks, den Bauten der Romanik, ist auch hier die Mittelarkade der Vorderfront erhöht. Zusätzlicher Schmuck ist eine umlaufende Zwerggalerie, die im Giebelfeld ansteigt. Das Grabmal Appelbaum ist das beste Beispiel für die Neuromanik auf diesem Friedhof.

Grabmal **A. Köhler** – Feld G2
Über einem segmentbogigen Grundriß steht eine Spitzbogenarkade aus drei Achsen. Das Material ist Muschelkalkstein. Wie noch in der Frühgotik tragen die Säulenschäfte Zickzack- und Rhombenmuster sowie Kelchblockkapitelle. Die Arkadenbögen und das Abschlußgesims sind durch Ornamentbänder geschmückt. Die Gotik, die in der Zeit der Kreuzzüge und damit der Zeiten der Vertreibung der Juden aus West- und Mitteleuropa künstlerischer Ausdruck der Macht der christlichen Kirche war, hat im Judentum nie die Bedeutung anderer Kunststile erlangen können. Das gilt auch für die Neugotik. Das neugotische Grabmal Köhler ist deshalb eine Ausnahme auf einem jüdischen Friedhof.

Grabstätte **Th. L. David** – Feld I2
Über einem sechseckigen Grundriß steht eine dreiteilige Architekturkulisse mit einfassender Balusterschranke. Das Grabmal für Theodor Leberecht David (1852–1898) ist eine reizvolle Mischung aus Formelementen der Renaissance und des Rokoko.

Grabstätte **Jolles-Ehrensaal** – Feld C3
Wie eine gute Stube der Biedermeierzeit zeigt sich dem Betrachter die Grabstätte der Verstorbenen Fanny Ehrensaal, geb. Jolles (1835–1910) und ihrer Familie. Öffnungen in den hohen Seitenwänden vermitteln den Eindruck von Fenstern, zumal sie mit Gitterwerk wie Fenstersprossen geziert sind. An der Rückwand des Grabmals sind kursiv beschriftete Namenstafeln sowie ein breit-ovales Medaillon Bildern gleich angebracht. Entstanden ist diese neubiedermeierliche Anlage in den zwanziger Jahren unseres Jahrhunderts.

Grabstätte **D. Dridso** – Feld O4
Gewaltige unbearbeitete Granitsteine bilden das Grabmal für den achtjährigen David Dridso, der an dieser Stelle 1921 beigesetzt worden ist. Die Anlage aus hochgestellten Findlingen, deren größter 4 m Höhe erreicht, hat ihre Vorbilder in Gräbern der Bronzezeit, den Menhiren im französischen Küstengebiet.

Grabstätte **M. Israel** – Feld M1
Unter den nicht mehr so häufig vorhandenen Beispielen für Grabeinfassungen aus Schmiedeeisen fällt jenes für Moritz Israel (1830–1895) besonders auf. Das

von niedrigen Natursteinpfeilern gehaltene Gitter einschließlich der zu einem Rundbogen emporragenden Rückwand ist verschwenderisch mit Blüten, Früchten und Laubwerk verziert.

Grabmal **S. Rawitzki** - Feld L5, Reihe 6
Über quadratischem Grundriß bilden vier eine Kuppel tragende Säulen eine Art Tabernakel, in dessen Mitte auf einem Kubus eine metallene Schale steht. Das gesamte Grabmal für Salo Rawitzki (1846–1921) besteht aus Sandstein. Die Kuppel als Krönung der Anlage ist verschwenderisch in Laubwerk, Früchte und Vögel aufgelöst.

Grabmal **A. Wolff** - Feld G5, Reihe 20
Das Grabmal des Pelzwarenfabrikanten Abraham Wolff (1866–1924) hat die Gestalt eines Tabernakels über quadratischem Grundriß in den Formen des Historismus. Romanisierende Säulen tragen Dreipaßbögen, auf denen ein mit einem Fries aus Davidsternen geschmückter Architrav ruht. Darüber steht eine orientalisierende Faltenkuppel. Das Zentrum der Anlage bildet ein Inschriftpfeiler.

Grabstätte **O. Loewenberg** - Feld V1
Eine lange, hohe Wand, gleichmäßig senkrecht gerillt, wird bedeckt von einem mit stilisierten Blumen verzierten Gesims. In die Wand sind fünf hochsenkrechte Öffnungen eingeschnitten, in denen jeweils zwei spitzgieblig überdachte Stelen als Grabmale stehen. Die expressive Gestaltung der Grabstätte des Bankiers Oscar Loewenberg (1853–1919) hebt sich deutlich ab von den benachbarten Gräbern in überwiegend historisierenden Formen.

Grabmal **L. Fränkel** - Feld F5, Reihe 19
Auf einem fünfstufigen Sockel steht eine kleine Schrifttafel in spitzsteilem Bogen, deren Form, sechsfach wiederholt, sich von Mal zu Mal vergrößernd fortsetzt. Die expressive Architektur des Grabmals für den Regierungsbaumeister Louis Fränkel (1863–1922) dürfte auf seinen eigenen Entwurf zurückgehen.

Grabstätte **T. Wallach** - Feld A7
Die großflächige Rückwand der Grabstätte trägt einen in den Seiten verkürzten Giebel. In den langgestreckten Ausschnitten der Seitenschranken stehen gedrungene, gewundene Säulen. Vier große Kugeln, die ursprünglich ein Gitter trugen, ruhen am Eingang. Die Grabstätte für Toni Wallach (1881–1930) gestaltete der Schöpfer monumentaler Denkmale, wie des Fruchtbarkeitsbrunnens auf dem Arnswalder Platz in Berlin und des Bismarckdenkmals in Hamburg, Hugo Lederer (1871–1940). Die Ähnlichkeit dieser Grabstätte mit der ebenfalls von Lederer geschaffenen für Gustav Stresemann auf dem Berliner Luisenstädtischen Friedhof ist unverkennbar.

Grabstätte **N. Garfunkel** – Feld C6
Ein Beispiel des Konstruktivismus in der Grabmalkunst ist die aus einer dreiflügeligen Pfeilerreihe bestehende architektonische Anlage für Netti Garfunkel (1887–1925).

Grabmal **A. Mendel** – Feld P4
Auf niedrigem Sockel ruht ein prismenförmig gestalteter Sarkophag vor einer schlichten, glatten Wand, die überkragt wird von einer nur einseitig aufliegenden Deckplatte. Die Asymmetrie, die hier wohl erstmalig bei einem Grabmal angewendet worden ist und vor allem die räumliche Wirkung, die durch den monumentalen Sarkophag erreicht wird, stellt einen gewaltigen Qualitätssprung in der Grabmalkunst dar. Geschaffen wurde die Anlage für den Kaufmann Albert Mendel (1866–1922) durch den Architekten Walter Gropius (1883–1969), der als Baumeister sowohl, als auch als Lehrer und Publizist die Baukunst des zwanzigsten Jahrhunderts wesentlich beeinflußt hat.

Grabstätte **M. u. P. Schwarz** – Feld O4
Drei Pilasterpaare, zwischen ihnen drei Schrifttafeln, tragen einen mit Sanduhr und Leuchter geschmückten Architrav, auf dem drei Rundbögen stehen. In den Rundbögen sind Reliefs mit der Darstellung eines seine Jungen fütternden Vogels, der von zwei Löwen flankierten und von einer Krone überwölbten Gesetzestafeln sowie einer Kopfbedeckung in Verbindung mit Trauben tragenden Reben. Die Grabanlage schuf der in Theresienstadt umgekommene Bildhauer Arnold Zadikow (1884–1943).

Adass Jisroel

Grabsteine **Schocken** – Feld F1
Erich Mendelsohn (1887–1953), der Architekt des Einsteinturmes und anderer avantgardistischer Bauten der zwanziger Jahre, hat hier für die Familie Schocken Grabsteine geschaffen, von denen zwei der traditionellen Form jüdischer spitzgiebeliger Grabstelen ähneln. Mendelsohn war auch der Baumeister der Warenhäuser Schocken in Chemnitz, Nürnberg und Stuttgart

Symbole an Grabmalen – Grabmale als Symbole

Obgleich die Grabmalsymbolik auf den jüdischen Friedhöfen in Berlin bei weitem nicht so reichhaltig und mannigfaltig ist, wie an jüdischen Gräbern in Osteuropa, so entdeckt der aufmerksame Besucher doch selbst hier erstaunliches. Auch auf den jüdischen Friedhöfen in Berlin tragen viele Grabmale auf die jeweiligen Verstorbenen bezogene Symbole, in einzelnen Fällen ist das ganze Grabmal Symbol. Motive der sinnbildhaften Darstellungen bilden des Toten Stand, sein Name, sein Beruf und sein Ansehen ebenso, wie Worte der Heiligen Schrift oder Gegenstände für den synagogalen Gebrauch. Die verwendeten Symbole entstammen nicht nur jüdischer Überlieferung, im Gefolge des Klassizismus wurden auch Elemente der griechisch-römischen Antike übernommen, ebenfalls finden sich solche christlichen Ursprungs.

Segnende Hände

Unter diesem Zeichen ist ein Kohen, ein Priester und Nachfahre des Erzpriesters Aron begraben. Die Kohanim hatten im alten Israel den Opferdienst zu versehen; sie sind es, die in der Synagoge die Hände erheben, um die Versammelten zu segnen.

Krug und Schüssel

Krug und Schüssel stehen auf den Gräbern der Leviten, die gemeinsam mit den Priestern in der Stiftshütte und im Jerusalemischen Tempel Dienst taten. Ihre Aufgabe war es, den Priestern vor dem Segen das Wasser zur Handwaschung zu reichen.

Stundenglas

Musikinstrument, einer äthiopischen Leier – Kissar – ähnelnd

Schlange

Himmelsleiter

Schmetterling

Löwe

Menora

Ölleuchte

Ölleuchte

Verschränkte Hände

Krone

Thorarolle

Thoraschrein

Parochet

Davidstern

Traube

Schlange und Giftbecher

Chuppa

Mohnkapsel

Fackeln

Lorbeer

Kranz

Gottesauge

Gesetzestafeln

Symbolische Landschaft

Porträts auf Grabsteinen

Sophie Loewe, verstorben 1876

Paul Model, verstorben 1895

Berthold Kempinski, verstorben 1910

Manfred Cahn, verstorben 1903

Rayzla Bialer, geb. Klavier, gestorben 1933

Jona (Johan) Granas, verstorben 1949

Stundenglas
Die Sanduhr, das Stundenglas, Sinnbild der Zeit und damit der Vergänglichkeit.

Musikinstrument, einer äthiopischen Leier – Kissar – ähnelnd
Mit der Darstellung eines Musikinstruments an einer Grabstätte soll hier offensichtlich ein Bezug auf die Wehklagen im 137. Psalm hergestellt werden.

Schlange
Die sich in den Schwanz beißende Schlange gilt als Symbol der Ewigkeit und als eine Transformation des Leviathans, der in derselben Pose in Synagogen als Sinnbild für die messianische Zeit dargestellt wurde.

Himmelsleiter
Eine Himmelsleiter, oder auch Jakobsleiter, war Jakob (1. Mose 28, 12 ff.) im Traume erschienen, Engel stiegen auf ihr auf und nieder.

Schmetterling
Seit dem Altertum gilt der Schmetterling als Symbol der Unsterblichkeit der Seele. Seine Befreiung aus der Puppenhülle wurde auf die Befreiung der Seele aus dem Körper bezogen.

Löwe
Der Löwe wird auf Grabsteinen entweder für den Namen des Verstorbenen Ari (hebr.), Leib (jidd.) oder für den Stamm Juda nach den Segenssprüchen des Jakob: »Ein Löwenjunges Jehuda .... wer mag ihn reizen.« (1. Mose 49,9) oder »Der Löwe, das stärkste unter den Tieren, der vor keinem weicht« (Sprüche 30/30) und schließlich auch als eine Personifikation des Todes, der Macht, die den Baum des Lebens gebrochen hat, verstanden.

Verschränkte Hände
Als ein altes Zeichen der Solidarität gelten verschränkte Hände. Außer auf Grabsteinen wurden sie als Zeichen der Zusammengehörigkeit in Freimaurerlogen ebenso wie von Vereinen und Parteien genutzt.

Menora
Das alte Symbol für den Jerusalemischen Tempel, der siebenarmige Leuchter.

Ölleuchte
Diese antiken Vorbildern nachgebildete Ölleuchte symbolisiert das Wort: »Ein Licht Gottes ist des Menschen Seele.« (Sprüche Salomos 20,27)

Krone
In den Sprüchen der Väter (4/17) sagt Rabbi Simon: »Drei Kronen gibt es: die Krone der Thora, die Krone des Priestertums und die Krone des Königstums, aber die Krone des guten Namens überragt sie.«

Thorarolle
Die geöffnete Thorarolle auf dem Grab eines Rabbiners weist darauf hin, daß an dieser Stelle ein Gelehrter begraben ist.

Thoraschrein
Ein Thoraschrein, Aufbewahrungsort der Thorarollen, ziert das Grabmal eines Rabbiners.

Parochet
In den Synagogen des aschkenasischen, d.h. des deutsch-polnischen Ritus, werden die Thoraschreine mit oft sehr kostbar gearbeiteten Vorhängen aus Seide oder Samt -Parochet- verhüllt. Die steinerne Nachbildung eines solchen Vorhanges, geschmückt mit Davidstern, Thorakrone und den von Löwen gehaltenen Gesetzestafeln ist hier zum Bestandteil eines Grabmals geworden.

Davidstern
Der aus zwei, meistens ineinander verschlungenen, Dreiecken zusammengesetzte Davidstern oder Davidschild (Magen David) ist ein auf Grabmalen häufig verwendetes Motiv. Der Davidstern war schon den alten Ägyptern, Indern, Chinesen und Peruanern bekannt. Auf einem in Sidon entdeckten hebräischen Siegel aus dem 7. Jahrhundert v.d. Ztw. findet es sich ebenso wie auf dem Grabstein eines Leon ben David in Tarent aus dem 3. Jahrhundert n.d. Ztw. und an der zur gleichen Zeit errichteten Synagoge zu Tel Hum. Zum beliebtesten Symbol des Judentums wurde der Davidstern erst im 16. Jahrhundert durch Isaak Lurija (Jüdisches Lexikon).

Traube
Die Traube ist ein Zeichen für Fruchtbarkeit. Hier aber steht sie für den Familiennamen des Verstorbenen.

Schlange und Giftbecher
Die Schlange, im alten Griechenland Symbol Äskulaps, des Gottes der Heilkunst, ist hier in Verbindung mit dem Giftbecher als Berufszeichen des Pharmakologen zu sehen.

Chuppa
Bei der traditionellen jüdischen Hochzeit wird das Brautpaar unter der Chuppa, dem Traubaldachin, zusammengeführt. Dieses Grabmal besteht aus einer das Brautpaar symbolisierenden Doppelstele unter einem stilisierten Baldachin. Es ist bemerkenswert, wie hier die über den Tod hinausreichende Liebe dieses Ehepaares verdeutlicht werden soll.

Mohnkapsel

Aus unreifen Mohnkapseln wurde seit alters her der Milchsaft für Opium gewonnen. Weil durch die Einnahme von Opium Schlaf hervorgerufen werden kann, gilt die Mohnkapsel auch als Symbol für den ewigen Schlaf.

Lorbeer und Fackeln

Der dem Apollon geweihte Lorbeer war in der griechischen Mythologie Sinnbild der Unverweslichkeit und der Jugend. Gesenkte und erloschene Fackeln zeigten in der Antike ebenfalls den Tod an. Karl Friedrich Schinkel hat den Lorbeer und die Fackeln in die Grabmalkunst der Neuzeit eingeführt.

Kranz

Der Kranz ist ein Element aus dem christlichen Formenschatz. An jüdischen Grabmalen offenbart er den hohen Grad der Assimilation der Juden im Berlin des 19./20. Jahrhunderts. Eine Verfügung des Gemeindevorstandes vom 14./15. Dezember 1882 verbot ausdrücklich seine Verwendung auf Grabmalen.

Gottesauge

Das Gottesauge im Strahlenkranz ist ein Motiv des christlichen Formenkanons, wenngleich es auch an der Fassade der 1910 eingeweihten Synagoge Köpenick angebracht war.

Gesetzestafeln

Die Gesetzestafeln werden auf Grabsteinen häufig dargestellt. Die Beschriftung mit römischen Ziffern wie hier widerspricht aber jüdischer Tradition.

Symbolische Landschaft

Dramatisch zerfetzte Wolkenformationen, durch die strahlend die Sonne bricht über Bergen, ohne Zweifel den Sinai darstellend, denn vor dem einen stehen Gesetzestafeln, dekoriert mit einem Palmzweig.

Porträts auf Grabsteinen

Das grundsätzliche Verbot der Bibel: »Du sollst Dir kein Bild machen, kein Abbild dessen, was im Himmel droben und was auf Erden hier unten und was im Wasser und unter der Erde.« (Exodus 20,4) forderte entsprechend dem rein geistigen Charakter der israelitischen Religion, daß die Gottheit nicht bildlich dargestellt werden durfte. Dieses Bildnisverbot wurde ausgeweitet auf jegliche Darstellung von Menschen in Synagogen und auch auf Gräbern. Weil gegen dieses Verbot immer wieder verstoßen worden ist, mußte daran auch immer wieder erinnert werden. Mit zunehmender Liberalisierung der Jüdischen Gemeinde im 19. Jahrhundert haben solche Verstöße ebenfalls zugenommen.
Vom 11. Mai 1866 stammt das folgende Rabbinatsgutachten des damaligen Berliner Rabbinats-Assessors E. Rosenstein: Auf die geehrte Anfrage eines wohllöblichen Vorstandes vom 20. März d.J. »ob es gestattet werden dürfe, auf die Grabdenkmäler des Friedhofs der Jüdischen Gemeinde irgend welches Bildnis, sei es das eines Lebenden, sei es das eines Verstorbenen, sei es mit oder ohne Kapsel versehen, anzubringen,« erwidere ich ergebenst, daß nach den bestehenden Ritual-Gesetzen u. meinem besten Wissen und Gewissen die Frage in allen besagten Fällen als verneinend zu beantworten ist. Euer Hochwohlgeboren werden mithin dafür Sorge tragen, daß das bereits unerlaubt angebrachte, mit einer Kapsel versehene photographische Bildniß auf einem Grabstein wieder entfernt werde. Gründe: Jore Deah Absch. 364 1. Es ist jedwede Benutzung eines Grabsteines zu irgendwelchem Zwecke eines Lebenden verboten, weil derselbe nur dem Verstorbenen geweiht u. als Gebrauch für die Lebenden für alle Zeiten ausgeschieden bleiben muß. Dieses Verbot ist sogar auf die Benutzung desselben als Basis zur Bewahrung eines Erub's für den Sabbath ausgedehnt, obwohl solcher nur für religiöse Zwecke gelegt werden darf. (Talmud Tract. Erubin f56 Maimonides Hilchot Erubin Absch. 6, Orach Chaim Absch. 409). Ein Bildniß also, das dem Hinterbliebenen die Züge des Dahingeschiedenen in Erinnerung bringen soll, an einen Grabstein anzubringen, kann nur als Einbruch des Lebendigen in das Eigenthumsrecht des Geschiedenen angesehen werden, und ist daher gesetzlich verboten. Das Anbringen der Kapsel bei besagtem Falle, welche den Anblick des Bildnisses andern verschließt, u. nur für die Verwandten vorbehalten ist, gibt nur noch deutlicheres Zeugnis, daß das Bildniß für die betreffenden Hinterbliebenen angebracht ist. In dem berühmten Werke Maharil Absch. 581 wird jeder Friedhof als heiliger Ort betrachtet. Demzufolge ist es ebenfalls ungesetzlich, ein Bildniß an einem solchen Orte anzubringen, weil es den Anschein haben würde, als würde ein solches lebloses Bildniß von denen, die ihre Gebete an den Gräbern verrichten, angebetet. Ew. Hochwohlgeboren werden aus angeführten Gründen zur Genüge ersehen, daß solche Neuerungen gesetzlich unstatthaft sind. Mit gebührender Hochachtung zeichnet ergebenst gez. E. Rosenstein Rabbinats-Assessor.
In gleicher Angelegenheit erläßt der Gemeindevorstand am 14./15. Dezember 1882 folgende Verfügung: Wir machen es Ihnen hierdurch zur Pflicht mit aller

Sorgfalt darauf zu achten, daß auf dem dortigen Friedhofe keine Denksteine aufgestellt werden, die eine Photographie enthalten, oder in Form von Vasen, Urnen usw. ein Bildniß darstellen, ebenso dürfen Blumenkränze nicht zugelassen werden. usw.

Dagegen erhält die Friedhofsverwaltung unter dem Datum des 10. Dezember 1895 eine Verfügung folgenden Inhalts: Auszug aus dem Protokoll vom 5. Dezember 1895, Pos. 8 Die Klappe muß unbedingt verschließbar gemacht werden, insbesondere darf sie nicht vom Winde geöffnet werden können. (Obiges Anschreiben bezieht sich auf die Aufstellung eines mit einer Photographie versehenen Baumstammes, Martin Sello 14940)

Derartig widersprüchliche Festlegungen dürften Ursache dafür sein, daß jedem Verbot zum Trotz in mehreren Fällen Porträts der Verstorbenen an Grabmalen angebracht worden sind.

Sophie Loewe, verstorben 1876

Das älteste vorhandene Porträt auf einem jüdischen Friedhof in Berlin ist das der Sophie Loewe. Auftraggeber war offenbar der Ehemann, der das Bildnis seiner frühverstorbenen Ehefrau an ihrem Grabstein, der seinem gegenübersteht, anbringen ließ. Auch der Grabstein des Ehemannes, des Fabrikanten und Reichstagsabgeordneten Ludwig Loewe, dürfte ursprünglich dessen Porträt getragen haben, doch ist dies abhanden gekommen. Die Grabanlage ist so als Beispiel anzusehen für die den Tod überdauernde Gattenliebe.

Paul Model, verstorben 1895

Das Grabmal mit dem Porträt des 24jährigen Jurastudenten Paul Model, der in den Alpen beim Bergsteigen tödlich verunglückt war, steht quer zum Weg, so daß der Abgebildete auf das porträtlose Grabmal seines sehr viel später verstorbenen Vaters blickt. Auch hier symbolisieren Porträt und die Stellung der Grabsteine zueinander ganz offensichtlich die enge Bindung zwischen Vater und Sohn. Zwei schemenhaft angedeutete Figuren flankieren das Brustbild. Ihre Körperhaltung drückt tiefe Trauer aus.

Berthold Kempinski, verstorben 1910

Kulminationspunkt eines monumentalen Erbbegräbnisses ist eine drapierte steinerne Urne auf hohem Postament. In die dem Weg zugekehrte Seite der Urne ist eine Bronzekapsel mit dem etwa lebensgroßen Kopfbild des Verstorbenen eingelassen. Das Bildnis zeigt den erfolggewohnten Unternehmer so, wie er sich sah oder, wie seine Umwelt ihn sah, mit klarem, energischem Blick und dem »Es ist erreicht«-Bart des letzten deutschen Kaisers, des Zeitgenossen.

Manfred Cahn, verstorben 1903

Wie das Porträt Berthold Kempinskis war auch das des kgl. Kommerzienrates Manfred Cahn ursprünglich eingeschlossen in eine Kapsel. Hier ist aber das Bildnis auch noch von einem Kranz aus Lorbeer und Rosen umgeben.

Rayzla Bialer, geb. Klavier, gestorben 1933
Das Foto der hübschen Frau, die in ihrem vierunddreißigsten Lebensjahr verstarb, ist erhalten geblieben, geschützt durch die noch vorhandene Verdeckelung.

Johan Granas, verstorben 1949
Das durch eine Glasscheibe geschützte Foto des Verstorbenen ist, durch die Sonneneinstrahlung völlig ausgeblichen, heute nicht mehr zu erkennen. Es ist eine von ursprünglich drei gleichartigen Porträtfotografien auf Grabsteinen in der gleichen Reihe eines Grabfeldes, in dem orthodoxe Juden beigesetzt wurden. Der Brauch, Fotografien auf Grabsteinen anzubringen, ist außer in Süd- vor allem auch in Osteuropa auf christlichen Friedhöfen verbreitet. In diesem Fall dürfte christliches Brauchtum von jüdischen Familien bereits in ihrer osteuropäischen Heimat angenommen worden sein. In den Grabstein eingeritzt ist oberhalb des Porträts eine gebrochene Eiche, Symbol für das plötzlich beendete Leben des Johan Granas.

Geisteswissenschaftler und ihre Ruhestätten

Der Anteil an Juden unter den Lehrern und Forschern in den geisteswissenschaftlichen Disziplinen ist kaum überschaubar. Deshalb erfolgt hier eine Beschränkung auf Orte und Personen, die maßgeblich waren für die Wissenschaft des Judentums. Am 7. November 1819 gründeten sechs junge Männer, unter ihnen Leopold Zunz, den »Verein zur Verbesserung des Zustandes der Juden im Deutschen Bundesstaate« als Reaktion auf die antisemitische Hep-Hep-Bewegung. Aus diesem ging der »Verein für Cultur und Wissenschaft der Juden« hervor. Obgleich der Verein nur eine kurze Lebensdauer hatte, gab er doch wichtige Impulse, wie für die Gründung der Knabenschule der Jüdischen Gemeinde und vor allem für die Begründung der Wissenschaft des Judentums. In der zweiten Hälfte des 19. und zu Beginn des 20. Jahrhunderts wurden in Berlin drei bedeutende wissenschaftliche Einrichtungen des Judentums gegründet

- die liberale Hochschule für die Wissenschaft des Judentums
- das orthodoxe Rabbinerseminar und
- das Gesamtarchiv der deutschen Juden.

Bis zu ihrer gewaltsamen Schließung durch das NS-Regime waren sie über Jahrzehnte Zentren jüdischer Forschung und Lehre.

Leopold Zunz

Leopold Zunz – Grabstätte

Hochschule für die Wissenschaft des Judentums

Abraham Geiger

Abraham Geiger – Grabstätte

Heymann Steinthal

Heymann Steinthal – Grabstätte

David Cassel

David Cassel – Grabstätte

Eduard Baneth

Eduard Baneth – Grabstätte

Leo Baeck

Leo Baeck – Grabstätte

Moritz Steinschneider

Moritz Steinschneider – Grabstätte

Siegmund Maybaum

Siegmund Maybaum – Grabstätte

Hermann Cohen

Hermann Cohen – Grabstätte

Rabbinerseminar für das orthodoxe Judentum zu Berlin

Esriel Hildesheimer

Hirsch Hildesheimer

Meier Hildesheimer

David Hoffmann

Abraham Elia Kaplan

Leopold Zunz (1794 Detmold – 1886 Berlin)
Jüdischer Gelehrter, 1826–29 Leiter der Knabenschule der Jüdischen Gemeinde, 1839–50 Leiter des jüdischen Lehrerseminars Berlin, schuf die moderne Wissenschaft des Judentums, gründete die »Zeitschrift für die Wissenschaft des Judentums« (1822–24). Unter seiner Leitung erschien seit 1839 eine Bibelübersetzung. Zunz veröffentlichte u.a.: »Zur Geschichte der Literatur« (1845, 2. Aufl.1919), »Die gottesdienstlichen Vorträge der Juden« (1832, 2. Aufl.1892), »Die synagogale Poesie des Mittelalters« (1855, 2. Aufl.1920), »Die Ritus des synagogalen Gottesdienstes« (1859), »Literaturgeschichte der synagogalen Poesie« (1865, Nachtrag 1867), »Gesammelte Schriften« (1875–76, 3 Bde.).
Leopold Zunz – Grabstätte Friedhof Schönhauser Allee, Abteilung B, Ehrenreihe, neben dem Grab seiner Gattin Adelheid.

Hochschule für die Wissenschaft des Judentums

Zehn Jahre, nachdem Moritz Lazarus und Salomon Neumann in Berlin Pläne für die Errichtung einer jüdischen akademischen Lehranstalt entwickelt hatten, konnte am 6. Mai 1872 die Hochschule für die Wissenschaft des Judentums in Berlin ihre Tore öffnen. Unabhängig von den verschiedenen Strömungen innerhalb des Judentums sollte sie als eine »unparteiische Pflanzstätte der Wissenschaft« geleitet werden. Die Hochschule stand allen offen, die qualifiziert waren für ein Universitätsstudium, Juden wie Nichtjuden, Männern wie Frauen. Die materielle Unabhängigkeit der Hochschule wurde durch Stiftungen und durch Zuwendungen von Förderern gewährleistet. 1883 mußte sich die Hochschule auf Anordnung der staatlichen Behörden in »Lehranstalt« umbenennen, 1920 konnte sie ihren ursprünglichen Namen wieder annehmen, 1934 wurde er erneut in Lehranstalt abgeändert. Im Oktober 1907 konnte die Hochschule in der Artilleriestraße 14 (heute Tucholskystraße 9) ein eigenes Haus beziehen. Das noch bestehende Gebäude wurde durch eine Stiftung des Rittergutsbesitzers Nathan Bernstein finanziert. Der Entwurf stammte von dem Gemeindebaumeister Johann Hoeniger. Die Hochschule besaß zuletzt eine 58 590 Bände umfassende Bibliothek und eine Sammlung jüdischer Kultgeräte. 70 Jahre nach ihrer Gründung mußte die Hochschule für die Wissenschaft des Judentums auf Weisung der NS-Behörden am 19. Juli 1942 ihren Betrieb einstellen. An der Hochschule haben im Laufe der Zeit zahlreiche renommierte Wissenschaftler gelehrt.

Abraham Geiger (1810 Frankfurt/M. – 1874 Berlin)
Liberaler Rabbiner, bedeutender Vorkämpfer einer Reform des Judentums, Forscher auf dem Gebiet der Wissenschaft des Judentums. Amtierte als Rabbiner nacheinander in Wiesbaden, Breslau, Frankfurt/M. und ab 1870 in Berlin. Seit Gründung der Hochschule für die Wissenschaft des Judentums 1872 war Geiger dort Dozent. Geiger war Herausgeber der »Zeitschrift für jüdische Theologie« (1835–47) und der »Jüdischen Zeitschrift für Wissenschaft und Leben« (1862–74).

Er schrieb: »Was hat Mohammed aus dem Judentum aufgenommen« (1833, 2. Aufl. 1902), »Urschrift und Übersetzungen der Bibel in ihrer Abhängigkeit von der inneren Entwicklung des Judentums« (1857), »Das Judentum und seine Geschichte« (1864, 2. Aufl. 1910), »Nachgelassene Schriften« (hrsg. v. Ludwig Geiger 1875–78, 5 Bde. mit Geigers Leben und Briefen).
Abraham Geiger – Grabstätte Friedhof Schönhauser Allee, Abteilung B, Ehrenreihe

Heymann Steinthal (1823 Gröbzig – 1899 Berlin)
Sprachforscher und Philosoph, seit 1863 Professor der Universität Berlin, lehrte an der Hochschule für die Wissenschaft des Judentums vergleichende Religionsgeschichte, Bibelexegese und Sprachwissenschaften. Steinthal schrieb: »Der Ursprung der Sprache im Zusammenhang mit den letzten Fragen alles Wissens« (1851, 4. erw. Aufl. 1888), »Grammatik, Logik, Psychologie, ihre Prinzipien und ihr Verhältnis zueinander« (1855), »Geschichte der Sprachwissenschaft bei den Griechen und Römern« (1863, 2. Aufl. 1889–91), »Die Mande-Negersprachen, psychologisch und phonetisch betrachtet« (1867), »Abriß der Spachwissenschaft« (Tl. 1: 1871, 2. Aufl. 1881; Tl. 2: 1861, neubearb. v. Misteli 1893), »Die Sprachwissenschaft W. v. Humboldts und die Hegelsche Philosophie« (1848). Steinthal gab die »Sprachwissenschaftlichen Werke W. v. Humboldts« heraus (1884) und zusammen mit Moses Lazarus »Die Zeitschrift für Völkerpsychologie und Sprachwissenschaft« (1859–90).
Heymann Steinthal – Grabstätte Friedhof Weißensee – Feld A 1, Ehrenreihe

David Cassel (1818 Glogau – 1893 Berlin)
Hebraist, leitete von 1846 bis 1879 die Dina-Nauensche-Erziehungsanstalt für Waisenkinder, war Lehrer am israelitischen Lehrerseminar und lehrte seit 1872 als Dozent an der Hochschule für die Wissenschaft des Judentums semitische Sprachkunde sowie jüdische Geschichte und Literatur. Cassel verfaßte: »Hebräisch-deutsches Wörterbuch« (10. Aufl. 1920), »Geschichte der jüdischen Literatur«, 1. Abt. (1872–73, 2. Bde.), »Lehrbuch der jüdischen Geschichte und Literatur« (2. Ausg. 1896). Er gab ältere jüdische Schriftsteller, wie das Buch »Kusari« des Jehuda Halevi, heraus.
David Cassel – Grabstätte Friedhof Weißensee – Feld A 1, Ehrenreihe.

Eduard Baneth (1855 Liptowsky Mikulas – 1930 Berlin)
Talmudforscher, besuchte die Jeschiwa in Pressburg, war von 1882 bis 1895 Rabbiner in Krotoschin und seitdem Dozent an der Hochschule für die Wissenschaft des Judentums in Berlin. Baneth übersetzte: »Maimunis Kommentar zum Traktat Abot« und »Maimunis Neumondberechnung«; er schrieb »Samuel-Ha Nagid als Staatsmann und Dichter« (1881) und »Ursprung der Sadokäer und der Boethosäer« (1882). 1919 wurde Baneth durch den preußischen Kultusminister zum Professor ernannt.
Eduard Baneth – Grabstätte Friedhof Weißensee – Feld A1, Ehrenreihe

Siegmund Maybaum (1844 Miskolc – 1919 Berlin)
Studierte am jüdisch-theologischen Seminar in Breslau, war dann Rabbiner in Also-Kubin und in Saaz. 1881 wurde er als Rabbiner nach Berlin berufen und war ab 1888 Dozent für Homiletik an der Hochschule für die Wissenschaft des Judentums. Maybaum schrieb: »Die Entwicklung des israelitischen Priestertums« (1880), »Die Entwicklung des israelitischen Prophetentums« (1890), »Jüdische Homiletik« (1890) und »Methodik des jüdischen Religionsunterrichts« (1896).
Siegmund Maybaum – Grabstätte Friedhof Weißensee – Feld G1, Ehrenreihe

Hermann Cohen (1842 Coswig/Anhalt – 1918 Berlin)
Philosoph, bis 1913 Professor an der Universität Marburg, dann an der Hochschule für die Wissenschaft des Judentums in Berlin; begründete mit P. Natorp zusammen die Marburger Schule des Neukantianismus. Werke: »Kants Theorie der Erfahrung« (1871, 4. Aufl. 1924), »Kants Begründung der Ethik« (1877), »Kants Begründung der Ästhetik« (1889), »System der Philosophie« – 1. Teil: »Logik der reinen Erkenntnis« (1902, 3. Aufl. 1922); 2. Teil: Ethik des reinen Willens» (1904, 4. Aufl. 1923); 3. Teil: »Ästhetik des reinen Gefühls« (1912, 2 Bde., 2. Aufl. 1923), »Ein Bekenntnis in der Judenfrage« (1880), »Die Nächstenliebe im Talmud« (1884), »Die Bedeutung des Judentums für den religiösen Fortschritt der Menschheit« (1910), »Die Religion der Vernunft aus den Quellen des Judentums« (1919, 2. Aufl. 1929).
Hermann Cohen – Grabstätte Friedhof Weißensee – Feld G1, Ehrenreihe

Leo Baeck (1873 Lissa – 1956 London)
Bedeutender Rabbiner des deutschen Judentums im zwanzigsten Jahrhundert, nach Studium in Breslau und Berlin von 1897 bis 1907 Rabbiner in Oppeln, dann bis 1912 in Düsseldorf und anschließend in Berlin, während des Ersten Weltkrieges jüdischer Feldgeistlicher, seit Ende des Krieges lehrte Baeck dann bis zu deren Schließung im Jahre 1942 an der Hochschule für die Wissenschaft des Judentums Religionsgeschichte, Homiletik, Midraschforschung und jüdische Pädagogik. Baeck war seit 1933 Präsident der Reichsvertretung (später Reichsvereinigung) der deutschen Juden. 1943 kam er in das Konzentrationslager Theresienstadt. Nach der Befreiung 1945 ging er nach London, wo er 1956 verstarb. Baeck veröffentlichte: »Wesen des Judentums« (1905), »Wege im Judentum« (1933), »Dieses Volk« (1954). Seinen Namen trägt das Leo-Baeck-Institut Jerusalem–London–New York, das der Erforschung und Veröffentlichung von Material zur Geschichte des deutschen Judentums dient.
Leo Baeck wurde in London begraben. Auf dem Grabstein seiner Frau Natalie (1878–1937) in der Ehrenreihe G 1 des Friedhofs Weißensee sind auch seine Lebensdaten verzeichnet.

Rabbinerseminar für das orthodoxe Judentum zu Berlin

1873 wurde durch den Rabbiner Dr. Esriel Hildesheimer das Rabbinerseminar für das orthodoxe Judentum zu Berlin eröffnet. Ziel des Seminars war eine Rabbinerausbildung mit gründlicher und umfassender Kenntnis des biblischen und talmudischen Schrifttums und der Ritualgesetze. Voraussetzung für ein Studium am Rabbinerseminar bildete das Abitur, die Studienzeit betrug 6 Jahre. Finanziell wurde das Rabbinerseminar durch Beiträge von Mitgliedern einer Unterstützungsgesellschaft, Zinsen des Stiftungskapitals und freiwillige Beiträge erhalten. Das Vermächtnis eines Mitgliedes von Adass Jisroel versetzte die Gemeinde in die Lage, ein 1400 qm großes Grundstück an der Artilleriestraße 31 (heute Tucholskystraße 40) zu erwerben und dort 1903/04 einen Gebäudekomplex zu errichten, in dem neben einer Synagoge, einer Talmud-Thora-Schule und einem Ritualbad auch das Rabbinerseminar Platz fand. 1938 wurde das Rabbinerseminar durch die NS-Behörden geschlossen. In den 65 Jahren seines Bestehens sind hier einige hundert Rabbiner, akademische Lehrer und Angehörige anderer Berufe ausgebildet worden.

Esriel Hildesheimer (1820 Halberstadt – 1899 Berlin)
Studierte bereits mit 15 Jahren an der Jeschiwa in Altona und ab 1840 an der Universität zu Berlin, promovierte 1844 in Halle. Hildesheimer ist einer der Neubegründer der Orthodoxie. 1851 wurde er Rabbiner in Eisenstadt, wo er bereits eine Rabbinerschule eröffnete. 1869 berief ihn Adass Jisroel nach Berlin, dort gründete er 1873 das Rabbinerseminar für das orthodoxe Judentum, das er bis zu seinem Tode 26 Jahre lang leitete. Hildesheimer war Herausgeber der »Halachot gedolot« (1888).
Grabstätte: Friedhof Adass Jisroel – Feld B

Hirsch Hildesheimer (1855 Eisenstadt – 1910 Berlin)
Kam 1869 mit seinem Vater Esriel nach Berlin, besuchte bis 1876 das Sophiengymnasium, anschließend die Universität, war Schüler Mommsens, promovierte 1879 in Leipzig und war ab 1880 Dozent für Geschichte und Geographie am Rabbinerseminar. Seit 1883 leitete er die »Jüdische Presse«. Schrieb: »Beiträge zur Geographie Palästinas« (1885), »Die Blutbeschuldigung« (1891), »Gutachten über die Schechitah« (1894, erw. 1902 u. 1908), »Die Schicksale der Juden im alten Rom« und »Sir Moses Montefiore«.
Grabstätte: Friedhof Adass Jisroel – Feld C

Meier Hildesheimer (1864 Eisenstadt – 1934 Berlin)
Rabbiner, Sohn Esriel Hildesheimers, war Leiter des Schulwerkes von Adass Jisroel und geschäftsführender Kurator des Rabbinerseminars.
Grabstätte: Friedhof Adass Jisroel – Feld A

David Hoffmann (1843 Verbo/Ungarn – 1921 Berlin)
Besuchte die Jeschiwa seines Geburtsortes, später die Rabbinerschule in Eisenstadt, promovierte 1870 in Tübingen, arbeitete ab 1871 als Lehrer in Frankfurt/M. und seit 1873 als Dozent für Talmud, Ritualkodizes und Pentateuchexegese am Rabbinerseminar in Berlin. Nach Esriel Hildesheimers Tod wurde Hoffmann Rektor des Rabbinerseminars. Hoffmann war einer der besten Kenner des Talmud und der halachischen Midraschliteratur seiner Zeit. Er schrieb: »Abhandlungen über die pentateuchischen Gesetze« (1878), »Der Schulchan Aruch« (1885, 2. verm. Aufl. 1895), »Kollektaneen aus der Mechilta zu Deuteronomium« (1890), »Das Buch Leviticus, übersetzt und erklärt« (1905/06).
Grabstätte: Friedhof Adass Jisroel – Feld C

Abraham Elia Kaplan (1890 Keidany – 1924 Berlin)
Kaplan erhielt seine Ausbildung zum Rabbiner in Litauen und wurde dann als Dozent an das Rabbinerseminar Berlin berufen. Eine Artikelreihe Kaplans über die wissenschaftliche Auffassung des Talmud wurde durch seinen frühen Tod abgebrochen.
Grabstätte: Friedhof Adass Jisroel – Feld F

Moritz Steinschneider (1816 Prossnitz/Mähren – 1907 Berlin)
Orientalist und Bibliograph, studierte zunächst in Österreich und ab 1838 in Leipzig, danach in Berlin. War ab 1859 Dozent an der Veitel-Heine-Ephraimschen Lehranstalt und von 1869 bis 1890 Direktor der Mädchenschule der Jüdischen Gemeinde. Steinschneider gilt als der Begründer der wissenschaftlichen hebräischen Bibliographie. Er verfaßte Kataloge der hebräischen Handschriften in Oxford (Bodleiana), Leiden, München, Hamburg und Berlin sowie »Die hebräischen Übersetzungen des Mittelalters und die Juden als Dolmetscher« (1893), »Die arabische Literatur der Juden« (1902), »Die Geschichtsliteratur der Juden« (1. Abt. 1905), »Allgemeine Einleitung in die jüdische Literatur des Mittelalters« (1905). Steinschneider war Herausgeber der Fachzeitschrift »Hebräische Bibliographie« (1858–65, 1869–82).
Grabstätte: Friedhof Weißensee – Feld A1, Ehrenreihe

Naturwissenschaftler und ihre Ruhestätten

Wie in anderen gesellschaftlichen Bereichen haben sich im 19. und 20. Jahrhundert auch in den Naturwissenschaften viele Berliner Juden profiliert und als Forscher und Lehrer Anerkennung gefunden. Waren es zunächst vorrangig jüdische Mediziner, die sich den ihnen gebührenden Platz erkämpften, so konnten Juden nach und nach auch in anderen naturwissenschaftlichen Disziplinen Fuß fassen und sich dort hervortun. 1842 wurde der erste Jude zum Mitglied der preußischen Akademie der Wissenschaften gewählt und dann auch als Akademiemitglied bestätigt. Fünf Jahre später, 1847, konnte sich der erste Nichtgetaufte in Preußen zum Privatdozenten habilitieren, 1858 wurde er zum a.o. Professor berufen. Damit begann eine Periode, in der viele Juden Dozenturen, Professuren und Ordinariate erhielten und eine fruchtbare Arbeit leisten konnten. Diese endete dann abrupt mit dem Machantritt des NS-Regimes. Von den zahlreichen Juden, die forschend und lehrend in Berlin in den unterschiedlichen naturwissenschaftlichen Disziplinen bleibende Verdienste vollbracht haben, wird hier für alle eine begrenzte Auswahl vorgestellt.

Louis Waldenburg

Louis Waldenburg – Grabstätte

Nathanael Pringsheim

Nathanael Pringsheim – Grabstätte

Peter Theophil Riess – Grabstätte

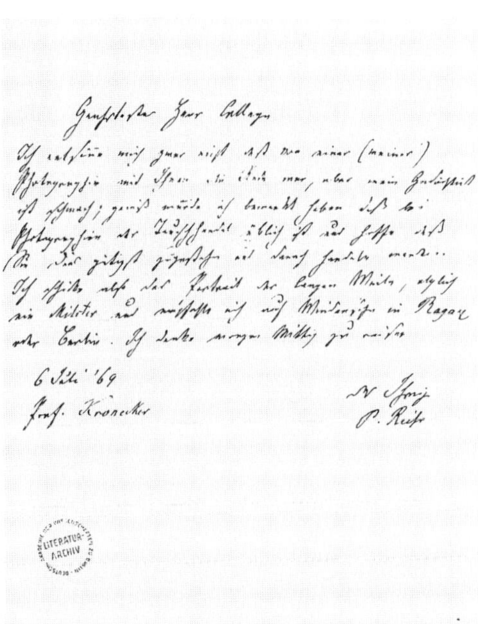

Geehrtester Herr Collega

Ich entsinne mich zwar nicht daß von einer (meiner) Photographie mit Ihnen die Rede war, aber mein Gedächtniß ist schwach; gewiß würde ich bemerkt haben daß bei Photographien der Buchhandel üblich ist und hoffe daß Sie das zeitig zugestehen und danach handeln werden.. Ich schicke also das Portrait der langen Weile, obgleich ein [illegible] und [illegible] ich auch [illegible] in Ragaz oder [illegible]. Ich denke morgen Mittag zu reisen

6 Juli '69

Prof. Kronecker

Ihr ergebenster
P. Riess

Brief von Peter Theophil Riess

Richard Joseph Meyer

Richard Joseph Meyer – Grabstätte

Paul Wilhelm Magnus

Paul Wilhelm Magnus – Grabstätte

Ludwig Traube

Ludwig Traube – Grabstätte

Robert Remak

Robert Remak – Grabstätte

Max Jaffe

Max Jaffe – Grabstätte

Hermann Munk

Hermann Munk – Grabstätte

Eugen Goldstein

Eugen Goldstein– Grabstätte

Albert Fraenkel

Albert Fraenkel – Grabstätte

Louis Lewin

Louis Lewin – Grabstätte

Hans Aronson

Hans Aronson – Grabstätte

Carl Liebermann

Carl Liebermann – Grabstätte

Iwan Bloch

Iwan Bloch – Grabstätte

Albert Albu

Albert Albu – Grabstätte

Ismar Boas

Ismar Boas – Grabstätte

Julius Hirschberg

Julius Hirschberg – Grabstätte

Julius Wolff

Julius Wolff – Grabstätte

Adolf Baginsky

Adolf Baginsky – Grabstätte

Hermann Aron

Hermann Aron – Grabstätte

Louis Waldenburg (1837 Filehne – 1881 Berlin)
Mediziner, 1857 Studium, 1860 Promotion, 1860 niedergelassener Arzt in Berlin, 1871 a.o. Professor in Berlin, 1877 leitender Arzt an der Charité, Vorkämpfer für die Einrichtung von Lungenheilstätten, seit 1868 Redakteur der »Berliner klinischen Wochenschrift«. Veröffentlichungen: »Über Blutaustritt und Aneurismenbildung durch Parasiten bedingt« (1860), »Über Struktur und Ursprung der wurmhaltigen Cysten« (1862), »Lehrbuch der respiratorischen Therapie« (1864), »Die Tuberkulose, die Lungenschwindsucht und die Skrophulose« (1869), »Die pneumatische Behandlung der Respirations- und Zirkulationskrankheiten« (1875).
Grabstätte: Friedhof Schönhauser Allee – Abteilung L

Nathanael Pringsheim (1823 Wziesko/Oberschlesien – 1894 Berlin)
Botaniker, 1864–68 Professor an der Universität Jena, dann Privatgelehrter in Berlin, 1856 Mitglied der preußischen Akademie der Wissenschaften, entdeckte und untersuchte die Sexualität bei den niedrigsten Gewächsen (Algen) sowie die Eigenschaften des Chlorophylls, begründete die Pflanzenphysiologie. 1857–94 Herausgeber der »Jahrbücher für wissenschaftliche Botanik«. Werke: »Grundlinien einer Theorie der Pflanzenzelle« (1854), »Über die Befruchtung und Keimung der Algen und das Wesen des Zeugungsaktes« (1855–57), »Gesammelte Abhandlungen« (1895/96, 4 Bde.).
Grabstätte: Friedhof Schönhauser Allee – Abteilung E.

Peter Theophil Riess (1805 Berlin – 1883 Berlin)
Physiker, Privatgelehrter, förderte die Lehre von der Reibungselektrizität, elektrische Influenz, Entladung der Elektrizität und die Wärmewirkung der Entladung; als erster Jude 1842 Mitglied der Akademie der Wissenschaften. Werke: »Die Lehre von der Reibungselektrizität« (1853, 3 Bde.),»Abhandlungen zu der Lehre von der Reibungselektrizität« (1867–78, 2 Bde.).
Brief von Riess an den Mathematiker Leopold Kronecker.
Grabstätte: Friedhof Schönhauser Allee, Abteilung H (Mauer)

Richard Joseph Meyer (1865 Berlin – 1939 Berlin)
Chemiker, Professor für anorganische Chemie an der Berliner Universität, Spezialgebiet: Seltene-Erden-Elemente. Von 1922 bis 1935 erster Vorsitzender des Redaktionskollegiums des »Gmelin-Handbuches«, Mitarbeit am Handbuch über Seltene-Erden-Elemente (1938).
Grabstätte: Friedhof Schönhauser Allee, Abteilung H (Mauer)

Paul Wilhelm Magnus (1848 Berlin – 1914 Berlin)
Botaniker, studierte in Berlin und Freiburg, 1870 Promotion, 1875 Habilitation zum Privatdozenten für Botanik, 1880 a.o. Professor an der Berliner Universität, Spezialgebiete: Meeres- und Süßwasseralgen sowie Pflanzenteratologie. Hielt Vorlesungen über Kryptogamenkunde und über Blütenbiologie. Werke (Auswahl aus der kaum übersehbaren Anzahl an Veröffentlichungen): »Zur Morphologie der

Gattung Najas« (1869), »Die Befruchtung bei den Farnkräutern« (1870), »Über den Schutz von Juniperuskulturen vor Infektion mit Gymnosporangium« (1877).
Grabstätte: Friedhof Schönhauser Allee, Abteilung H (Mauer)

Ludwig (Louis) Traube (1818 Ratibor – 1876 Berlin)
Mediziner, 1848 Habilitation als Privatdozent, 1857 Professor am Friedrich-Wilhelm-Institut und 1872 an der Berliner Universität; Begründer der experimentellen Pathologie in Deutschland, die klinische Fragen durch Tierversuche zu lösen sucht; führte als Kliniker die Auskultation und die Perkussion, die Fiebermessung und die Herztherapie mit Digitalispräparaten in die Medizin ein. Werke: »Über den Zusammenhang von Herz- und Nierenkrankheiten« (1856), »Die Symptome der Krankheiten des Respirations- und Circulationsapparates« (1867), »Gesammelte Beiträge zur Pathologie und Physiologie« (1871/78, 3 Bde.).
Grabstätte: Friedhof Schönhauser Allee, Abteilung H

Robert Remak (1815 Posen – 1865 Bad Kissingen)
Mediziner, vollbrachte besondere Leistungen in der – mikroskopischen Anatomie der Nerven – Embryologie resp. Zellenlehre – Elektrotherapie. Studierte in Berlin, 1838 Promotion, 1843–47 klinischer Assistent Schönleins, 1847 Habilitation, 1. jüdischer Privatdozent in Preußen, 1858 a.o. Professor, führte die Reizstromtherapie ein. Werke: »Anatomische Beobachtungen über das Gehirn, Rückenmark und Nervensystem«, »Über die Beziehungen der Muskelprimitivbündel« (1843), »Über ein selbständiges Darmnervensystem« (1847), »Über methodische Elektrisierung gelähmter Muskeln« (1855), »Galvanotherapie der Nerven- und Muskelkrankheiten« (1858), »Über die Teilung der Blutzellen beim Embryo« (1858), »Über die embryologische Grundlage der Zellenlehre« (1862).
Grabstätte: Friedhof Schönhauser Allee, Abteilung I

Max Jaffe (1841 Grünberg/Schlesien – 1911 Berlin)
Pharmakologe und Biochemiker, studierte in Berlin Medizin, 1862 Promotion, 1865–72 Assistent an der medizinischen Klinik Königsberg, 1867 Habilitation, 1873 o. Professor und erster Ordinarius für Pharmakologie an der Universität Königsberg. Arbeitete über Umwandlung und Entgiftung körperfremder Stoffe im Organismus sowie über den Stoffwechsel körpereigener Substanzen. Entwikkelte den chemischen Nachweis des Kreatinins (Jaffes Kreatininprobe). Veröffentlichungen: »Über den Niederschlag, welchen die Pikrinsäure im normalen Harn erzeugt und über eine neue Reaction des Kreatinins« (1886), »Vorkommen des Urethans im alkoholischen Extrakt des normalen Harns« (1890), »Zur Kenntnis der durch Phenylhydrazin fällbaren Harnbestandteile« (1897).
Grabstätte: Friedhof Weißensee, Feld A1, Ehrenreihe

Hermann Munk (1839 Posen – 1912 Berlin)
Physiologe, 1862 Privatdozent an der Berliner Universität, 1869–1907 Professor an der Tierärztlichen Hochschule Berlin, 1880 Mitglied der Akademie der Wissenschaften. Forschungsgebiet: Physiologie des Großhirns Werke: »Untersuchun-

gen über das Wesen der Nervenerregung« (1868), »Über die Funktionen der Großhirnrinde« (1880).
Grabstätte: Friedhof Weißensee, Feld A1, Ehrenreihe

Eugen Goldstein (1850 Gleiwitz – 1930 Berlin)
Physiker, Schüler von Helmholtz, 1888 Physiker an der Berliner Sternwarte, ab 1898 in eigenem Laboratorium, richtete das Physikalische Kabinett der »Urania« ein; machte bahnbrechende Entdeckungen über die elektrostatische Ablenkung der Kathodenstrahlen, Kanalstrahlen, die Färbungen durch Kathodenstrahlungen und des sogenannten zweiten Heliumspektrums. Veröffentlichungen: »Über eine noch nicht untersuchte Strahlungsform an der Kathode induzierter Entladungen« (1886) sowie in »Verhandlungen der Deutschen physikalischen Gesellschaft«, den »Annalen der Physik« und der »Physikalischen Zeitschrift«.
Grabstätte: Friedhof Weißensee – Feld G1, Ehrenreihe

Albert Fraenkel (1848 Frankfurt/O. – 1916 Berlin)
Pathologe und Kliniker, 1884 o. Professor, 1890 Direktor der Inneren Abteilung des Urbankrankenhauses in Berlin, bekannt durch seine Forschungen über Herz- und Lungenkrankheiten. Fraenkel gelang der Nachweis des Diplococcus pneumoniae (Fraenkel-Bazillus) als Erreger der kruppösen Lungenentzündung, er inaugurierte die moderne Strophantintherapie. Veröffentlichungen: »Bakteriologie der eitrigen pleuritischen Ergüsse« (1888), »Über indurative Lungenentzündung« (1889), »Über akute Leukämie« (1895), »Zur pathologischen Anatomie des Bronchialasthmas« (1898).
Grabstätte: Friedhof Weißensee – Feld Q1, Erbbegräbnis

Louis Lewin (1850 Tuchel/Westpreußen – 1929 Berlin)
Pharmakologe und Toxikologe, 1874 Promotion, langjähriger Mitarbeiter Pettenkofers, 1893 Professor in Berlin, erforschte die Rauschgifte, Blei- und Kohlenmonoxidvergiftungen in Betrieben, Nebenwirkungen von Arzneimitteln und erarbeitete eine systematische Beschreibung von Giftpflanzen. Werke: »Die Nebenwirkungen der Arzneimittel« (1881, 3. Aufl. 1899), »Lehrbuch der Toxikologie« (1885, 2. Aufl. 1897, 12 Bde.), »Die Gifte in der Weltgeschichte« (1920), »Phantastica« (1925).
Grabstätte: Friedhof Weißensee – Feld M1, Erbbegräbnis

Hans Aronson (1865 Königsberg – 1919 Berlin)
Bakteriologe, studierte in Königsberg und Berlin, 1866 Promotion, zunächst am Tierphysiologischen Institut der Landwirtschaftlichen Hochschule zu Berlin, dann Assistenzarzt am Kaiser- und Kaiserin-Friedrich-Krankenhaus, 1894–1909 Leiter der bakteriologischen Abteilung der Schering-Werke (Chemische Fabrik auf Actien, vorm. Schering). Entwickelte 1894 auf der Grundlage der Forschungen Emil v. Behrings ein Diphterie-Heilserum sowie 1902 ein Antistreptokokkenserum. Stiftete den Aronson-Preis zur Förderung von Ärzten und Forschern der

experimentellen Therapie und Mikrobiologie, der bis heute durch den Berliner Senat vergeben wird.
Aronson auf seinem 5–6 PS starken De Dion-Bouton Wagen, Baujahr 1902.
Grabstätte: Friedhof Weißensee – Feld A5 (Mauer)

Carl Liebermann (1842 Berlin – 1914 Berlin)
Chemiker, 1869 Privatdozent, 1873 Professor an der Technischen Hochschule Berlin, 1879 an der Berliner Universität, 1914 am Kaiser Wilhelm Institut. 1868 gelang ihm mit K. Graebe die Synthese des Alizarins, die erste künstliche Herstellung eines natürlichen Farbstoffes.
Grabstätte: Friedhof Weißensee – Feld L4, Erbbegräbnis

Iwan Bloch (1872 Delmenhorst – 1922 Berlin)
Dermatologe, entwickelte das Konzept der Sexologie und gilt seither als »Vater der Sexualwissenschaft«, wandte als erster die Hormone der Sexualdrüsen zur Behandlung der Impotenz an. Werke (unter dem Pseudonym Eugen Dühren): »Der Maquis de Sade« (4. Aufl. 1906), »Das Geschlechtsleben in England« (1901/03), »Der Ursprung der Syphilis« (1911), »Die Prostitution« (1911), »Sexualpsychologische Bibliothek« (I-VI 1910, VII 1911), »Das Sexualleben unserer Zeit« (12. Aufl. 1919).
Grabstätte: Friedhof Weißensee – Feld A4

Albert Albu (1867 Frankfurt/O. – 1921 Berlin)
Internist, 1885–90 Studium in Berlin, 1889 Promotion, 1891–96 Assistenzarzt im Krankenhaus Moabit, 1900 Habilitation zum Privatdozenten, eröffnete 1900 private Poliklinik für Magen- und Darmkrankheiten in Berlin. Arbeiten: »Autointoxikationen des Intestinaltraktes« (1885), »Leberzirrhose in Berlin« (1899), »Akute gelbe Leberatrophie« (1911), »Die verschiedenen Formen der Achilia gastrica, ihre Pathogenese und Behandlung« (1913), »Konstitution und Verdauungskrankheiten« (1920).
Grabstätte: Friedhof Weißensee – Feld P2, Reihe 18

Ismar Boas (1858 Exin/Posen – 1938 Wien)
Internist, studierte ab 1877 zunächst in Berlin, dann in Halle, wo er 1881 promovierte, legte im gleichen Jahr in Leipzig das medizinische Staatsexamen ab, ließ sich 1882 als praktischer Arzt in Berlin nieder, gründete 1886 das erste Ambulatorium für Magen- und Darmkrankheiten, 1907 zum Professor ernannt. Werke: »Lehrbuch über Diagnostik und Therapie der Magenkrankheiten« (Allgemeiner Teil 1890, 2. Aufl. 1891, Spezieller Teil 1893, 9. Aufl. 1925), »Darmkrankheiten« (1899, 2. Aufl. 1901), »Gesammelte Beiträge aus dem Gebiete der Physiologie, Pathologie und Therapie der Verdauung« (1906).
Grabstätte: Friedhof Weißensee – Feld O2

Julius Hirschberg (1843 Potsdam – 1925 Berlin)
Augenarzt, Assistent von Albrecht v. Graefe, 1879 außerordentlicher und 1900 ordentlicher Professor an der Berliner Universität, führte den Elektromagneten zur Entfernung magnetischer Fremdkörper aus dem Auge in die Augenheilkunde ein, Herausgeber des »Zentralblatts der Augenheilkunde« (1899–1912). Werke: »Geschichte der Augenheilkunde« (1899–1912), »Die arabischen Augenärzte« (1904/05), »Die arabischen Lehrbücher der Augenheilkunde« (1905).
Grabstätte: Friedhof Weißensee – Feld U1

Julius Wolff (1836 Märkisch Friedland – 1902 Berlin)
Chirurg, 1884 a.o. Professor, 1890 Leiter der neugegründeten Orthopädischen Poliklinik, Mitbegründer der wissenschaftlichen Orthopädie, arbeitete hauptsächlich über Knochenlehre und Knochenwachstum (»Knochen-Wolff«). Hauptwerk: »Die Transformation der Knochen« (1892).
Grabstätte: Friedhof Weißensee – Feld R1

Adolf Baginsky (1843 Ratibor – 1918 Berlin)
Pädiater, 1890 Direktor des Kaiser- und Kaiserin-Friedrich-Krankenhauses, 1891 Professor für Kinderheilkunde an der Berliner Universität, schuf 1880 das »Archiv für Kinderheilkunde«. Ihm sind die Institutionalisierung von Schulärzten und Säuglingsasylen sowie die systematische Jugendfürsorge zu verdanken. Werke: »Handbuch der Schulhygiene« (1876), »Lehrbuch der Kinderkrankheiten« (1882, 6. Aufl. 1899), »Serumtherapie der Diphtherie« (1895), »Pädiatrische Arbeiten« (1890).
Grabstätte: Friedhof Weißensee – WT

Hermann Aron (1845 Kempen – 1913 Bad Homburg)
Physiker, arbeitete über Kristallsysteme, Theorie der Kondensatoren und der Mikrophone, schickte 1883 die ersten drahtlosen Signale über den Wannsee bei Berlin und berichtete darüber in Wien im gleichen Jahr auf der elektrischen Ausstellung, entwickelte 1884/85 mit dem »Aronzähler« den ersten brauchbaren Elektrizitätszähler und gab 1891 die für Drehstrommessungen grundlegende Zwei-Watt-Meterschaltung an.
Grabstätte: Friedhof Weißensee – WT (Mauer)

Persönlichkeiten der Wirtschaft und ihre Ruhestätten

Seit dem Mittelalter war es in Mitteleuropa Juden über Jahrhunderte untersagt, Boden zu besitzen oder zu bearbeiten. Da Juden als nichtzunftfähig galten, blieben sie vom zünftigen Handwerk ausgeschlossen. Der Fernhandel, zu dem sie auf Grund ihrer oft weitreichenden verwandtschaftlichen Verbindungen besonders disponiert waren und zu dessen Organisation sie von den Herrschern häufig ins Land geholt worden sind, wurde ihnen mehr und mehr von nichtjüdischen Handelshäusern streitig gemacht. Damit blieb den Juden oft nur mehr der kleine Handel mit Hausier- und Altwaren sowie das in der nichtjüdischen Gesellschaft verachtete Geldwechsel- und Kreditgeschäft. Auch nachdem es ihnen im 18. und vor allem im 19. Jahrhundert gelungen war, die alten Fesseln abzustreifen und in weitere Wirtschaftszweige vorzudringen, blieben Geldgeschäfte und Handel zunächst die bevorzugten Erwerbsquellen. Erst mit der zunehmenden Industrialisierung ergaben sich auch für Juden neue Tätigkeitsfelder.

Joseph Mendelssohn

Joseph Mendelssohn – Grabstätte

Bankhaus Mendelssohn u. Co. Jägerstraße 51

Gerson von Bleichröder

Gerson von Bleichröder – Grabstätte

Bankhaus Bleichröder Behrenstraße 62–63

Ludwig Loewe

Ludwig Loewe – Grabstätte

Verwaltungsgebäude der Firma Ludwig Loewe

Levin und Lea Arons

Levin und Lea Arons – Grabstätte

Potsdamer Bahnhof der Eisenbahn Berlin – Potsdam

Simon Joel Arnheim

Simon Joel Arnheim – Grabstätte

Briefkopf der Firma S. J. Arnheim von 1903

Benno Orenstein

Benno Orenstein – Grabstätte

Arthur Koppel

Arthur Koppel – Grabstätte

Orenstein und Koppel AG Berlin – Waggonbau

Ludwig Max Goldberger

Ludwig Max Goldberger – Grabstätte

Panorama der Berliner Gewerbeausstellung 1896

Hermann Tietz

Oskar Tietz

Hermann und Oskar Tietz – Grabstätte

Kaufhaus Tietz in der Leipziger Straße in Berlin

Adolf Jandorf

Adolf Jandorf – Grabstätte

Kaufhaus des Westens (KaDeWe)

Bernhard Loeser

Bernhard Loeser – Grabstätte

Tabakwarengeschäft Loeser und Wolff

Josef Garbáty-Rosenthal

Josef Garbáty-Rosenthal – Grabstätte

Zigarettenfabrik Garbáty, Berlin-Pankow

Berthold Kempinski

Berthold Kempinski – Grabstätte

Weinrestaurant Kempinski, Berlin, Leipziger Straße 25

Emil Rathenau

Walter Rathenau

AEG, Kabelwerk Oberspree, Luftaufnahme

Familie Rathenau – Grabstätte

Joseph Mendelssohn (1770 Berlin – 1848 Berlin)
Bankier, Sohn des Philosophen Moses Mendelssohn, gründete zusammen mit seinem Bruder Abraham in Berlin das Bankhaus Mendelssohn u. Co., das später als das vornehmste Privatbankhaus galt. Die Bank hat sich Ende 1938/Anfang 1939 selbst liquidiert und ist deshalb nicht wie andere jüdische Unternehmen »arisiert« worden.
Grabstätte: Friedhof Schönhauser Allee – Abteilung E (Mauer)
Bankhaus Mendelssohn u. Co. Jägerstraße 51, erbaut um 1743

Gerson von Bleichröder (1822 Berlin – 1893 Berlin)
Bankier, brachte das von seinem Vater Samuel gegründete Bankhaus zu großer Blüte, Vertrauensbankier der preußischen Regierung und Finanzberater Otto von Bismarcks, wurde 1872 als erster Jude in Preußen in den erblichen Adelsstand erhoben.
Grabstätte: Friedhof Schönhauser Allee – Abteilung L
Bankhaus Bleichröder Behrenstraße 62–63, heute Nachkriegsneubauten

Levin Arons (1773 Strausberg – 1840 Berlin) **Lea Arons** (1797 Strausberg – 1837 Berlin)
Bankiersehepaar in Berlin, Levin Arons finanzierte die erste Eisenbahnlinie in Preußen von Berlin nach Potsdam (1838).
Grabstätte: Friedhof Schönhauser Allee – Abteilung F (Mauer)
Potsdamer Bahnhof der am 30. Oktober 1838 eröffneten ersten Eisenbahn in Preußen von Berlin nach Potsdam.

Ludwig Loewe (1837 Heiligenstadt – 1886 Berlin)
Großindustrieller und Politiker, Jugendfreund Ferdinand Lassalles und zeitweilig dessen Privatsekretär; gründete die »Ludwig Loewe u. Co Commanditgesellschaft auf Aktien für Fabrikation von Nähmaschinen«, die spätere »Ludwig Loewe u. Co AG«, in der dann Waffen, Munition und Werkzeugmaschinen hergestellt wurden; 1863 Stadtverordneter in Berlin, 1876 Abgeordneter im preußischen Landtag, 1878 Mitglied des Reichstages.
Grabstätte: Friedhof Schönhauser Allee – Abteilung G
Verwaltungsgebäude der Firma Ludwig Loewe
1907–11 errichtet durch den Architekten Alfred Grenander, heute Kraftwerk Union AG (KWU).

Simon Joel Arnheim (1802 Margonin – 1875 Berlin)
Tresorfabrikant, Schlosserlehrling in Berlin, Ausbildung zum Kunstschlosser in Wien und Paris, gründete 1833 in Berlin an der Rosenthaler Straße den ersten Betrieb, in dem feuerfeste Kassen- und Panzerschränke hergestellt wurden, königlicher Hofkunstschlosser.
Grabstätte: Friedhof Schönhauser Allee – Abteilung G (Mauer)

Briefkopf der Firma S. J. Arnheim von 1903
Stammfabrik Berlin-Wedding, Badstraße 40/41, errichtet ab 1892 nach Entwurf des Architekten Wilhelm Martens; Fabrik Budapest V, Arbócz-Gasse 3; Hinweise auf weitere Werke in Hamburg, St. Petersburg und Moskau.

Benno Orenstein (1851 Posen – 1926 Berlin)
Industrieller, gründete 1876 zusammen mit Arthur Koppel die Firma Orenstein und Koppel, Handelsunternehmen für Klein- und Feldbahnen.
Grabstätte: Friedhof Weißensee – Feld WT
Arthur Koppel (1851 Dresden – 1908 Baden-Baden)
Industrieller, Partner Benno Orensteins
Grabstätte: Friedhof Weißensee – Feld F2
Orenstein und Koppel AG Berlin – Waggonbau 1898 aus der 1876 gegründeten Firma Orenstein und Koppel hervorgegangen, hieß bis 1909 AG für Feld- und Kleinbahnbedarf, stellte Dampflokomotiven, Personen-, Güter-, Spezial- und Straßenbahnwagen, Signalanlagen, Feldbahnmaterial, Motorlokomotiven, Bagger und Kräne her, hatte viele Niederlassungen in europäischen und außereuropäischen Staaten. Werk Orenstein und Koppel AG und Lübecker Maschinenbau AG, Berlin-Spandau, Brunsbütteler Damm 144–208.

Ludwig Max Goldberger (1848 Tarnowitz/OSchl. – Berlin 1913)
Bankier, Mitbegründer der Dresdener Bank sowie der Internationalen Bank Berlin, Leiter der ständigen Ausstellungskommission der deutschen Industrie, schuf die Berliner Gewerbeausstellung im Treptower Park 1896. Nach einer Reise durch die USA schrieb er »Das Land der unbegrenzten Möglichkeiten« (1902).
Grabstätte: Friedhof Schönhauser Allee – Abteilung L
Panorama der Berliner Gewerbeausstellung 1896 im Treptower Park, einer Leistungsschau der Industrie

Hermann Tietz (1837 Birnbaum/Posen – 1907 Berlin)
Kaufmann, gründete 1882 in Gera ein Weißwarengeschäft und 1900 in der Leipziger Straße in Berlin ein Kaufhaus, dem zahlreiche weitere folgten.
Oskar Tietz (1858 Birnbaum/Posen – 1923 Klosters)
Kaufmann, übernahm nach dem Tode seines Onkels Hermann die Leitung des Kaufhauskonzerns Hermann Tietz, der dann in der NS-Zeit unter dem Kunstnamen »Hertie« »arisiert« worden ist.
Hermann und Oskar Tietz – Grabstätte: Friedhof Weißensee – Feld O2
Kaufhaus Tietz in der Leipziger Straße in Berlin um 1902

Adolf Jandorf (1870 Hengstfeld/Württemberg – Berlin 1932)
Kaufmann, studierte in den USA moderne Verkaufstechniken, eröffnete 1892 in Berlin das »Hamburger Engros-Lager«, ein Spezialgeschäft für Kurz-, Weiß- und

Wollwaren sowie Tapisserie als Stammhaus seines später aus fünf Berliner Warenhäusern bestehenden Konzerns, verkaufte diesen 1926 an die Firma Hermann Tietz.
Grabstätte: Friedhof Weißensee – Feld T2 (Mauer)
Kaufhaus des Westens (KaDeWe) in Berlin an der Tauentzienstraße (Gebäudeteil Passauer Straße), größtes Warenhaus Deutschlands, gegründet 1907 durch Adolf Jandorf.

Bernhard Loeser (1835 Quedlinburg – 1901 Berlin)
Kaufmann, gründete 1865 mit Karl Wolff ein Tabakwarengeschäft, dem bis 1901 noch 65 weitere »Loeser-und-Wolff«-Läden sowie 1874 auch eine Zigarrenfabrik in Elbing folgten.
Grabstätte: Friedhof Weißensee – Feld E2 (Mauer)
Tabakwarengeschäft Loeser und Wolff am Berliner Alexanderplatz (1898)

Josef Garbáty-Rosenthal (1859 Leda – 1939 Berlin)
Fabrikant, errichtete 1890 in Berlin eine Zigarettenfabrik mit zunächst 60 Handarbeitern, die seit der Jahrhundertwende laufend erweitert und mechanisiert wurde und deren Sozialeinrichtungen für ihre Zeit vorbildlich waren. Zum Zeitpunkt der »Arisierung« beschäftigte Garbáty-Rosenthal 1600 Arbeiter und Angestellte. Garbáty-Rosenthal stiftete einen Lehrstuhl der Hochschule für die Wissenschaft des Judentums sowie die Synagoge des 2. Waisenhauses der Jüdischen Gemeinde in Berlin-Pankow.
Grabstätte: Friedhof Weißensee – Feld D4
Zigarettenfabrik Garbáty, Berlin-Pankow, Berliner Straße

Emil Rathenau (1838 Berlin – 1915 Berlin)
Ingenieur, führte die elektrische Glühlampe und das Telefon in Deutschland ein, gründete 1883 mit O. v. Miller die Edisongesellschaft, aus der 1887 die Allgemeine Elektrizitätsgesellschaft (AEG) hervorging, förderte als deren Generaldirektor die Aluminium- und Elektrostahlgewinnung, Drehstromtechnik, Radiotelegrafie sowie den Bau elektrischer Bahnen und von Turbodynamos.

Walther Rathenau (1867 Berlin – 1922 Berlin)
Ingenieur, Wirtschaftspolitiker, Staatsmann, nach dem Tode seines Vaters Präsident der AEG, 1921 Reichsminister für Wiederaufbau, 1922 Reichsaußenminister, von Rechtsradikalen ermordet. Publikationen: »Impressionen« (1902), »Reflexionen« (1908), »Massengüterbahnen« (1909), »Zur Kritik der Zeit« (1911), »Zur Mechanik des Geistes« (1913), »Von kommenden Dingen« (1917).
Familie Rathenau – Grabstätte: Städtischer Friedhof Oberschöneweide, An der Wuhlheide
AEG, Kabelwerk Oberspree, Luftaufnahme

Berthold Kempinski (1845 Raschkow – 1910 Berlin)
Kaufmann, zunächst Weinreisender in Posen, dann Teilhaber an einer Weinstube in Breslau, gründete 1873 in Berlin das Weinrestaurant »M. Kempinski u. Co«, später auch noch eine Weinversandhandlung und ein Delikatessengeschäft.
Grabstätte: Friedhof Weißensee – Feld T2
Restaurant und Weinhandlung Kempinski, Berlin, Leipziger Straße 25, (1909).

Verleger, Verlage, Mitarbeiter und Verlagserzeugnisse

Jüdische Verlage, häufig gekoppelt an Druckereien oder Buchhandlungen, dienten zunächst der Herausgabe religiöser Literatur. Später wurde das Sortiment erweitert um Werke von Philosophen, Historikern, Literaturhistorikern und anderen Vertretern der Geisteswissenschaften. Mit dem Aufkommen des Antisemitismus wurde die Edition apologetischer und Abwehrliteratur ebenfalls zur Aufgabe jüdischer Verlage, außerdem entstanden auch solche, die die Ziele des Zionismus förderten. Viele bedeutende Zeitungen und Zeitschriften wurden in Berlin, der Hauptstadt des Königreiches Preußen und späteren Reichshauptstadt, von jüdischen Verlegern herausgegeben. Ein Jude schuf in Berlin das erste Telegrafenbüro zur Nachrichtensammlung und -übermittlung, ein anderer eine Verlagsabteilung für die für die expandierende Wirtschaft immer wichtiger werdenden Adreßbücher und Codes. Die deutschsprachige Literatur der zweiten Hälfte des 19. und der ersten drei Jahrzehnte des 20. Jahrhunderts schließlich ist vor allem durch jüdische Verleger wesentlich gefördert worden.

GESCHICHTE

DER

JÜDISCHEN LITERATUR

VON

GUSTAV KARPELES

ERSTER BAND

ZWEITE AUFLAGE

BERLIN
VERLAG VON M. POPPELAUER
1909

Verlag Moritz Poppelauer
Verlagserzeugnis

Moritz Poppelauer – Grabstätte

Bernhard Wolff

Bernhard Wolff – Grabstätte

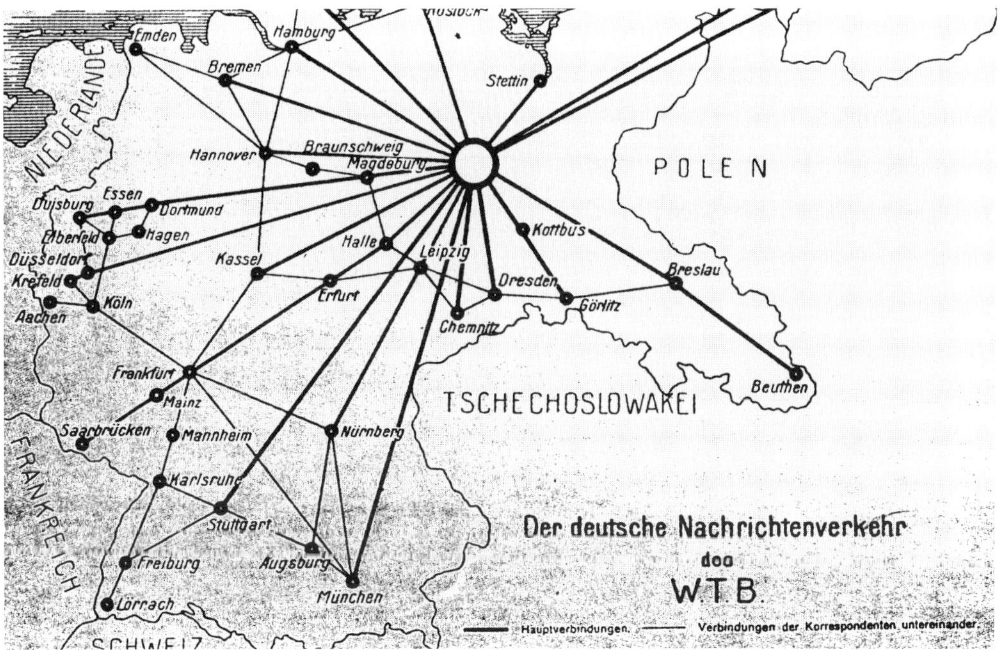

Wolffs telegraphisches Bureau

Rudolf Mosse

Rudolf Mosse – Grabstätte

Mosse-Haus, Jerusalemer Straße Ecke Schützenstraße

Oskar Blumenthal

Oskar Blumenthal – Grabstätte

Isidor Kastan

Isidor Kastan – Grabstätte

Leo Hirsch

Leo Hirsch – Grabstätte

Theodor Wolff

Theodor Wolff – Grabstätte

Siegmund Haber

Siegmund Haber – Grabstätte

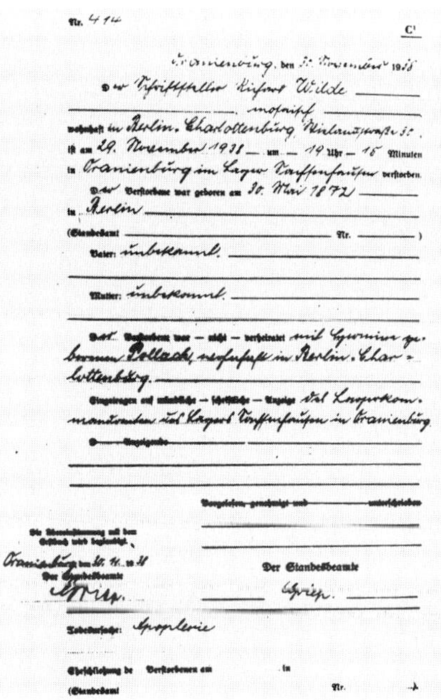

Nr. 414 C¹

Oranienburg, den 30. November 1938

Der Schriftsteller Richard Wilde

mosaisch

wohnhaft in Berlin-Charlottenburg, Wielandstraße 30,

ist am 29. November 1938 um 19 Uhr 15 Minuten

in Oranienburg im Lager Sachsenhausen verstorben.

Der Verstorbene war geboren am 30. Mai 1872

in Berlin

(Standesamt Nr.)

Vater: unbekannt.

Mutter: unbekannt.

Der Verstorbene war — nicht — verheiratet mit Hermine geborene Pollack, wohnhaft in Berlin-Charlottenburg.

Eingetragen auf mündliche — schriftliche — Anzeige des Lagerkommandanten des Lagers Sachsenhausen in Oranienburg

Der Anzeigende

Vorgelesen, genehmigt und unterschrieben

Die Übereinstimmung mit dem Erstbuch wird beglaubigt.

Oranienburg, den 30. 11. 1938

Der Standesbeamte

Wilk.

Der Standesbeamte

Schrieß.

Todesursache: Apoplexie

Eheschließung des Verstorbenen am in

(Standesamt Nr.)

Richard Wilde – Sterbeurkunde

Richard Wilde – Grabstätte

Leopold Ullstein

Leopold Ullstein – Grabstätte

Ullstein-Haus in der Kochstraße

Ludwig Holländer

Ludwig Holländer – Grabstätte

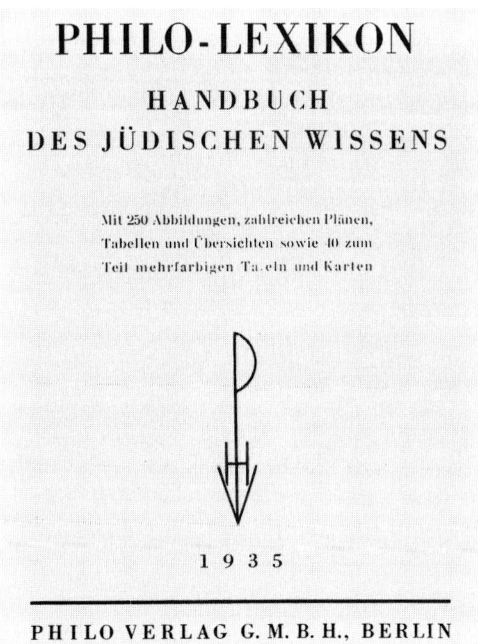

PHILO-LEXIKON

HANDBUCH
DES JÜDISCHEN WISSENS

Mit 250 Abbildungen, zahlreichen Plänen, Tabellen und Übersichten sowie 40 zum Teil mehrfarbigen Tafeln und Karten

1935

PHILO VERLAG G. M. B. H., BERLIN

Psychologie des Religionsunterrichts

mit besonderer Berücksichtigung des jüdischen.

Von
H. Stern

*

Mit einem Vorwort
von
Dr. L. Baeck

Berlin 1924

PHILO-VERLAG G. m. b. H.

Erzeugnisse des Philo-Verlages

Samuel Fischer

Samuel Fischer – Grabstätte

GERHART HAUPTMANN

DAS MEERWUNDER

EINE UNWAHRSCHEINLICHE GESCHICHTE

MIT ACHTZEHN ZEICHNUNGEN VON ALFRED KUBIN

S. FISCHER VERLAG / BERLIN

Erzeugnis des S. Fischer Verlages

Verlagssignet

Moritz Heimann

Moritz Heimann – Grabstätte

Moritz Poppelauer (1824 Kalisch – 1880 Karlsbad)
Verleger; der promovierte Philologe war seit 1860 Inhaber des gleichnamigen Verlages, zu dem eine Buchhandlung und ein großes Antiquariat gehörten. Poppelauer verlegte Werke von David Cassel, Gustav Karpeles, Michael Sachs, Moritz Steinschneider, Leopold Zunz und anderen sowie auch Lieder und synagogale Kompositionen von Louis Lewandowski.
Grabstätte: Friedhof Schönhauser Allee – Abteilung L
Verlag Moritz Poppelauer Verlagserzeugnis

Bernhard (Benda) Wolff (1811 Berlin – 1879 Berlin)
Gründete in Berlin eine Verlagsbuchhandlung, erwarb später die Vossische Buchhandlung und die »National-Zeitung« sowie die »Berliner Bank-, Börsen- und Handelszeitung«. 1849 schuf der promovierte Mediziner die erste deutsche Nachrichtenagentur, die »Kontinental-Telegraphen-Kompagnie«, später »Wolffs Telegraphisches Bureau« (WTB) genannt, dessen Direktion er bis 1875 innehatte.
Grabstätte: Friedhof Schönhauser Allee – Abteilung L
Wolffs Telegraphisches Bureau

Rudolf Mosse (1843 Grätz/Posen – 1920 Schenkendorf b. Berlin)
Zeitungsverleger; eröffnete 1867 in Berlin die »Annoncen-Expedition Rudolf Mosse« und schon bald Zweigniederlassungen im In- und Ausland; gründete 1872 das »Berliner Tageblatt«, von dem 1889 die »Berliner Morgenzeitung« abgezweigt wurde, 1904 die »Berliner Volkszeitung«, das »8-Uhr-Abendblatt«; verband mit dem Zeitungsverlag einen populärwissenschaftlichen Buchverlag sowie eine Abteilung für Adreßbücher und Codes (»Deutsches Reichsadreßbuch für Industrie, Gewerbe und Handel«, »Bäder-Almanach« u.a.). Stiftete ein Waisenhaus in Berlin und war Vorsteher der jüdischen Reformgemeinde.
Grabstätte: Friedhof Weißensee – Feld M1 (Mauer)
Mosse-Haus, Jerusalemer Straße Ecke Schützenstraße (heute Reinhold-Huhn-Straße), 1901–03 erbaut von Cremer und Wolffenstein, 1921–23 umgebaut durch Erich Mendelsohn unter Mitarbeit von Richard Neutra, nach Zerstörungen im zweiten Weltkrieg in stark vereinfachter Form wiederhergestellt.

Oskar Blumenthal (1852 Berlin – 1917 Berlin)
Journalist, Schriftsteller, Theaterleiter; 1875 Feuilletonchef und Theaterkritiker (»Der Blutige«) am »Berliner Tageblatt«, gründete 1888 das Lessingtheater und leitete es bis 1897. Verfaßte Spottgedichte und Lustspiele, wie »Der Probepfeil« (1882), »Großstadtluft« (1891), »Im weißen Rössl« (mit Gustav Kadelburg 1898).
Grabstätte: Friedhof Weißensee – Feld U2 (Mauer)

Isidor Kastan (1840 Kempen – Berlin 1931)
Journalist, promovierter Arzt, jahrzehntelang Leiter der Redaktion Innenpolitik des »Berliner Tageblatts«. Schrieb: »Berlin wie es war« (1919) und »Kastans Panoptikum« (1924). Grabstätte: Friedhof Weißensee – Feld A1, Reihe 2

Leo Hirsch (1903 Posen – 1943 Berlin)
Journalist, Schriftsteller; Redakteur am »Berliner Tageblatt«, zuletzt bis 1933 Leiter der Feuilleton-Abteilung; 1938 Dramaturg beim Jüdischen Kulturbund, 1942 Transportarbeiter.
Grabstätte: Friedhof Weißensee – Feld A6, Reihe 15

Theodor Wolff (1868 Berlin – 1943 Berlin)
Journalist, seit 1887 Mitarbeiter am »Berliner Tageblatt«, 1906 dessen Chefredakteur, 1933 emigriert, 1943 in Nizza verhaftet und der Gestapo übergeben. Schrieb politische Schriften wie »Pariser Tagebuch« (1908), »Spaziergänge« (1909), »Vollendete Tatsachen« (1918), »Der Krieg des Pontius Pilatus« (1934), Romane »Der Untergang« (1892), »Die Sünder« (1893) und Bühnenstücke »Niemand weiß es« (1894), »Die stille Insel« (1893), »Die Königin« (1898).
Grabstätte: Friedhof Weißensee – Feld A1, Reihe 10

Siegmund Haber (1835 Neiße – 1895 Berlin)
Journalist, Humorist; ursprünglich Handlungsgehilfe und Geschäftsreisender, 1872 am »Berliner Tageblatt« verantwortlich für die humoristische Donnerstagsbeilage »Ulk«, schuf populäre Figuren, den Eckensteher Nunne und die Konfektionsmamsell Paula Erbswurst.
Grabstätte: Friedhof Weißensee – Feld I1

Richard Wilde (1872 Berlin – 1938 KZ Sachsenhausen)
Journalist, Bühnenschriftsteller; seit 1895 Redakteur der »Deutschen Warte«, 1901–24 Redakteur am »Berliner Börsencourier«, 1926–33 am »Acht-Uhr-Abendblatt«, zeitweilig Chefredakteur von »Der Autor«. Verfaßte über 30 Theaterstücke, darunter »Der Austauschleutnant« (1913), ferner Filmtexte und Hörspiele.
Sterbeurkunde für Richard Wilde.
Grabstätte: Friedhof Weißensee – Feld O7,Reihe 13

Leopold Ullstein (1826 Fürth/Bayern – 1899 Berlin)
Verleger, ursprünglich Papiergroßhändler, gründete 1877 den Ullstein-Verlag, der sich zu einem der bedeutendsten Zeitungs-, Buchverlags- und Druckereibetriebe entwickelte. Der Zeitungsverlag enthielt die »Vossische Zeitung«, »BZ am Mittag«, »Berliner Morgenpost«, »Die grüne Post«; die Zeitschriften »Berliner illustrierte Zeitung«, »Uhu«, »Koralle«, »Das Blatt der Hausfrau«, »Bauwelt« u.a. Der Buchverlag edierte Werke der schönen Literatur, Geschichte, Sprachen, Populärwissenschaften, Musik, Technik u.a. 1921 wurde der Verlag in eine AG umgewandelt.
Grabstätte: Friedhof Schönhauser Allee – Abteilung E
Ullstein-Haus in der Kochstraße um 1930, im 2. Weltkrieg zerstört

Ludwig Holländer (1877 Berlin – 1936 Berlin)
Rechtsanwalt, Nationalökonom, Verleger; Direktor des Centralvereins deutscher

Staatsbürger jüdischen Glaubens (CV), leitete seit 1909 die Zeitschrift »Im Deutschen Reich« (seit 1922 »CV-Zeitung«), begründete 1919 im Auftrag des CV den Philo-Verlag mit dem Ziel, Literatur gegen den Antisemitismus herauszugeben. Schrieb »Deutsch-jüdische Probleme der Gegenwart« (1929).
Grabstätte: Friedhof Weißensee – Feld A1, Reihe 4

Philo-Verlag – Editionen
In dem 1919 gegründeten Philo-Verlag, der im November 1938 durch die NS-Behörden geschlossen worden ist, sind über hundert Bücher verlegt worden, darunter auch das letzte jüdische Buch, das in der NS-Zeit in Deutschland erschienen ist, der »Philo-Atlas, Handbuch für jüdische Auswanderung«.

Samuel Fischer (1859 Liptowsky Mikulas/Slowakei – 1934 Berlin)
Verleger, kam 1879 nach Berlin, war zunächst Buchhändler, gründete 1886 den S. Fischer Verlag, der führend wurde für die literarische Bewegung um die Jahrhundertwende und in den ersten Jahrzehnten des 20. Jahrhunderts, verlegte Werke von Henrik Ibsen, Leo Tolstoj, Gerhart Hauptmann, Artur Schnitzler, Thomas Mann, Richard Dehmel, Hermann Hesse, Jakob Wassermann, Bernhard Kellermann, George Bernard Shaw, Walther Rathenau u.a.
Grabstätte: Friedhof Weißensee – Feld I4

Erzeugnis und Verlagssignet des S. Fischer Verlages

Moritz Heimann (1868 Werder – 1925 Kagel)
Schriftsteller, Lektor des S. Fischer Verlages, als der er sich bleibende Verdienste als Entdecker und Förderer neuer Talente, wie Thomas Mann, Hermann Hesse, Friedrich Huch, Jakob Wassermann und Oskar Loerke, erwarb. Werke: Dramen »Joachim von Brandt« (1908), »Armand Carrel« (1920), »Das Weib des Akiba« (1922) sowie Novellen, »Aphorismen« (1918), »Prosaische Schriften« (1919–21, 4 Bde., Nachlaßband 1926).
Grabstätte: Friedhof Weißensee – Feld P4, Reihe 20

Künstler und ihre Grabstätten

Schon aus dem Altertum sind uns zahlreiche Werke jüdischer Künstler überliefert. Im 2. Buch Mose wird berichtet, wie Bezalel mit seinen Gehilfen das erste Kunstwerk der zwölf israelitischen Stämme, das Stiftszelt mitsamt seiner Ausstattung, die Bundeslade, den Schaubrottisch, die Menora, den Vorhang, den Brandopferaltar und sämtliche dazugehörigen Kultgegenstände hergestellt hat. Bis in unsere Zeit bekannt sind die großartigen Palastbauten des Königs Herodes. Synagogen waren ausgeschmückt mit Bodenmosaiken, Wandfresken und Deckenmalereien. Gegen das biblische Bildnisverbot im 2. Gebot des Dekalogs ist dabei immer wieder verstoßen worden. So finden wir z.B. König David in einem Bodenmosaik der Synagoge Gaza (um 508–09) dargestellt als Musiker, der mit seinem Harfenspiel die wilden Tiere zähmt. Phantasievoll sind Bibeln, Ester-Rollen und Gebetbücher illuminiert worden. Juden haben auf allen Gebieten der bildenden und der darstellenden Künste sowie der Musik große Leistungen vollbracht, doch nur relativ wenige jüdische Künstler haben ihr Grab in Berlin gefunden.

Max Liebermann – Selbstbildnis (1933)

Max Liebermann – Grabstätte

Louis Sussman-Hellborn

Louis Sussman-Hellborn – Grabstätte

Jacob Liepmann – Grabstätte

Hugo Krayn – Selbstbildnis

Hugo Krayn – Grabstätte

Lesser Ury

Lesser Ury – Grabstätte

Jacob Plessner

Büste Moses Mendelssohns von Jacob Plessner

Die Grabstätte von Jacob Plessner befindet sich auf dem Friedhof von Adass Jisroel, Berlin-Weißensee

Giacomo Meyerbeer

Giacomo Meyerbeer – Grabstätte

Die Grabstätte Beer-Meyerbeer

Friedrich Gernsheim

Friedrich Gernsheim – Grabstätte

Leonhard Emil Bach – Grabstätte

Julius Stern

Julius Stern – Grabstätte

Louis Lewandowski

Louis Lewandowski – Grabstätte

Leo Gollanin

Leo Gollanin – Grabstätte

Adolf Schreiber

Adolf Schreiber – Grabstätte

Josef Schwarz

Josef Schwarz – Grabstätte

Max Liebermann (1847 Berlin – 1935 Berlin)
Maler und Radierer, in Berlin Schüler von Karl Steffek, in Weimar von Pauwels, 1873–79 in Paris von Munkacsy und Millet beeinflußt, in den Niederlanden von Israels, war der bedeutendste Vertreter des deutschen Impressionismus in der Malerei, schuf auch ein umfangreiches grafisches Werk, gründete 1898 die Berliner Sezession, 1921 bis 1933 Präsident der Preußischen Akademie der Künste. Arbeiten (Auswahl): »Schusterwerkstatt« (1881), »Die Flachsscheuer in Laren« (1887), »Die Netzflickerinnen« (1888), »Die Frau mit den Ziegen« (1890), »Mann in den Dünen« (1896), »Badende Knaben«, »Reiter am Strande«, »Judengasse in Amsterdam«, »Papageienallee«, zahlreiche Porträts.
Grabstätte: Friedhof Schönhauser Allee – Abteilung E

Jacob Liepmann (1804 Märkisch Friedland – 1865 Berlin)
Maler und Siegellackfabrikant, erfand ein Öldruckfarbverfahren, für das ihm von der preußischen Regierung sogar eine Rente ausgesetzt wurde, Schüler der Preußischen Akademie der Künste, war 1822, 1830 und 1832 mit Werken auf deren Ausstellungen vertreten. Der Name ist auf dem Grabstein falsch geschrieben.
Grabstätte: Friedhof Schönhauser Allee – Abteilung B

Louis Sussmann-Hellborn (1828 Berlin – 1908 Berlin)
Bildhauer, Schüler Wredows an der Akademie der Künste, 1852–56 Studium in Rom, 1882–87 künstlerischer Leiter der königlich-preussischen Porzellanmanufaktur, Mitbegründer des Kunstgewerbemuseums Berlin. Werke: Steinbilder von Peter Vischer und Hans Holbein am Martin-Gropius-Bau, »Das Volkslied« im Tiergarten, »Trunkener Faun«, »Haarflechtende Italienerin«, »Amor in Waffen«, »Knabe als Kandelaberträger«, »Fischer mit der Laute«, »Dornröschen«.
Grabstätte: Friedhof Schönhauser Allee – Abteilung F (Mauer)

Hugo Krayn (1885 Berlin – 1919 Berlin)
Maler und Radierer, Autodidakt, seit 1915 Mitglied der Berliner Sezession, schuf ein vorwiegend sozialkritisches Œuvre. Werke: »Einkauf« (1915), »Trinker« (Zyklus 1915/16), »Krüppelstadt« (1917) – Selbstbildnis
Grabstätte: Friedhof Weißensee – Feld C4, Reihe 12

Lesser Ury (1862 Birnbaum/Posen – 1931 Berlin)
Maler und Grafiker, ausgebildet in Düsseldorf, malte nach Sujets der Bibel und des jüdischen Familienlebens sowie Landschafts-, Straßen- und Kaffeehausszenen. Werke: »Das Tryptichon«, »Jerusalem« (1896), »Der Mensch«, »Jeremia«, »Adam und Eva nach der Vertreibung« (1901), »Thüringer Wald«, »Bahnhof Friedrichstraße«, »Café Bauer«, »Im Café unter den Linden«, »Tiergartenstraße«, »Am Hundekehlensee in Berlin«.
Grabstätte: Friedhof Weißensee – Feld G1, Ehrenreihe

Jacob Plessner (1871 Berlin – 1936 Berlin)
Bildhauer, studierte bei Peter Breuer und Paul Meyerheim. Werke: Bildnisbüsten, wie »Großer Kurfürst«, »Moses Mendelssohn«, »Louis Sachs« und »Oskar Tietz« sowie »Der Bücherwurm« und »Die Bettelweiber von Perugia«.
Jacob Plessner: Büste Moses Mendelssohn

Giacomo Meyerbeer (1791 Berlin – 1864 Paris)
Dirigent, Komponist, eigentlich Jakob Liebmann Beer, Schüler von Clementi, Zelter und Abt Vogler, ging 1815 nach Italien, 1824 nach Paris, wurde 1842 preußischer Generalmusikdirektor, lebte in Berlin und Paris. Werke: Opern »Die Hugenotten« (1835), »Der Prophet« (1849), »Der Nordstern« (1854), »Dinorah« (1859), »Die Afrikanerin« (1865); Musik zum Trauerspiel »Struensee« (1844).
Grabstätte: Friedhof Schönhauser Allee – Abteilung B (Mauer), Erbbegräbnis Beer

Friedrich Gernsheim (1839 Worms – 1916 Berlin)
Pianist, Komponist, Musikpädagoge, 1890–97 Lehrer am Sternschen Konservatorium, Professor, 1897 Senatsmitglied und 1901 Leiter einer Meisterklasse für Kom-

position der Preußischen Akademie der Künste. Schrieb Kammermusiken, Sinfonien, Konzerte, Ouvertüren, Chorwerke, Klavierstücke u.a.
Grabstätte: Friedhof Weißensee – Feld X4

Leonhard Emil Bach (1849 Posen – 1902 London)
Pianist und Musikpädagoge, königlich-preußischer Hofpianist, Professor an der Guildhall School in London. Komponierte Opern »Irmengarda« (1892), »The Lady of Klangford« (1894), »Des Königs Garde« (1895), »Das Tabakskollegium« sowie Klavierstücke.
Grabstätte: Friedhof Weißensee – Feld W2

Julius Stern (1820 Breslau – 1883 Berlin)
Musikpädagoge, königlich-preußischer Musikdirektor, gründete das Sternsche Konservatorium, eine der bedeutendsten Ausbildungsstätten für Musiker.
Grabstätte: Friedhof Weißensee – Feld A1, Reihe 22

Louis (Lazarus) Lewandowski (1823 Wreschen – 1894 Berlin)
Komponist und Chordirigent, erster jüdischer Eleve der Preußischen Akademie der Künste, 1844 Chordirigent der Synagoge Heidereutergasse, ab 1866 Neue Synagoge, Musikdirektor und königlich-preussischer Professor. Komponierte Synagogalwerke, schrieb: »Kol Rinnah u T'fillah« (o.J., 2. Aufl. 1882), »Todah w Simrah« (1876–82).
Grabstätte: Friedhof Weißensee – Feld A1, Ehrenreihe

Leo Gollanin (Goldberg) (1872 Schlagory – 1948 Berlin)
Oberkantor, zunächst Konzertsänger, ab 1924 an der Neuen Synagoge Oranienburger Straße
Grabstätte: Friedhof Weißensee – Feld G1, Ehrenreihe

Adolf Schreiber (1881 Prag – 1920 Berlin)
Komponist, Schüler Dvořáks, zunächst Kapellmeister an kleinen Bühnen, Lehrer an der »Neuen Opernschule« von Mary Hahn in Berlin, Korrepetitor am Deutschen Opernhaus. Komponierte rund 200 Lieder, z.T. nach Texten von Max Brod, sowie den Zyklus »Marienleben« nach Rilke für Gesang, Klavier und Viola.
Grabstätte: Friedhof Weißensee – Feld P5, Reihe 10

Josef Schwarz (1880 Riga – 1926 Berlin)
Sänger, hervorragender Bühnen- und Konzertbariton, besonders gefeiert als Interpret italienischer Opern (Verdi); zunächst an der Wiener dann an der Berliner Staatsoper, 1921 als Gast in den USA.
Grabstätte: Friedhof Weißensee – Feld A6

Gründer und Mitarbeiter von Sozialeinrichtungen

Alter jüdischer Tradition entsprechend gab es in einer jeden jüdischen Gemeinde früher die »Chewra Kaddischa« (Heilige Brüderschaft), deren Aufgabe es zum einen war, die Toten zu bestatten, die sich aber auch zum anderen der Krankenpflege widmete. Um die Mitte des 16. Jahrhunderts wurde in der Berliner Gemeinde sogar schon ein eigenes Krankenhaus unterhalten. Wenige Jahrzehnte nach der 1671 erfolgten Neugründung der Gemeinde hat dann die »Chewra Bikur Cholim« (Verein für Krankenpflege) in der Nähe des Kleinen Jüdenhofes ein neues Krankenhaus, das wohl eher ein Armenspital war, eingerichtet. Aus diesem ist in der Folgezeit an anderer Stelle das Krankenhaus der Jüdischen Gemeinde entstanden, das eine wechselhafte Geschichte hatte, mehrfach seinen Standort änderte und dessen Name in der nunmehr von der Stadt Berlin betriebenen Einrichtung fortlebt. Mit dem Anwachsen der Gemeinde im 19. und im 20. Jahrhundert wuchsen auch die sozialen Anforderungen an die jüdische Gemeinschaft. Wohlhabende Mitglieder haben vielfach durch Stiftungen und Zuwendungen dazu beigetragen, daß Kranke, Behinderte, Kinder, Hilflose und in Not geratene Menschen zeitweilig oder dauernd betreut werden konnten. Darüber hinaus haben sich viele Gemeindemitglieder auch um die Gründung und Unterhaltung kommunaler Sozialeinrichtungen verdient gemacht.

Moritz und Bertha Manheimer

Moritz und Bertha Manheimer – Grabstätte

2. Altersversorgungsanstalt der Jüdischen Gemeinde, Schönhauser Allee 22

Baruch Auerbach

Baruch Auerbach – Grabstätte

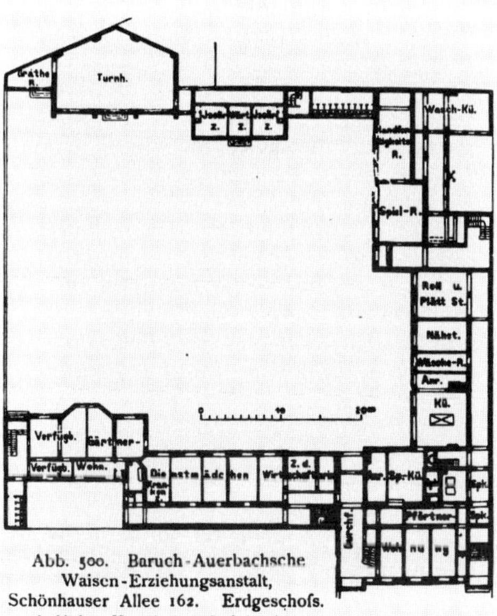

Abb. 500. Baruch-Auerbachsche Waisen-Erziehungsanstalt, Schönhauser Allee 162. Erdgeschoſs. Architekten Hoeniger & Sedelmeier.

Baruch Auerbachsche Waisen- und Erziehungsanstalten

Moritz und Sara Reichenheim – Grabstätte

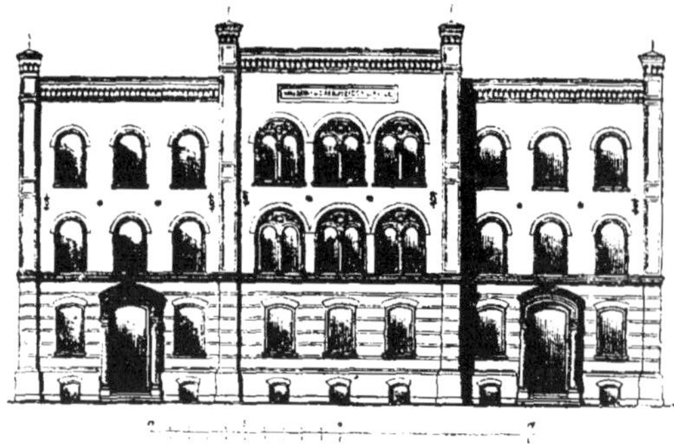
Haupt-Ansicht.

Reichenheimsches Waisenhaus der Jüdischen Gemeinde

Hermann Makower – Grabstätte

2. Waisenhaus der Jüdischen Gemeinde, Berlin-Pankow

Markus Reich

Markus Reich – Grabstätte

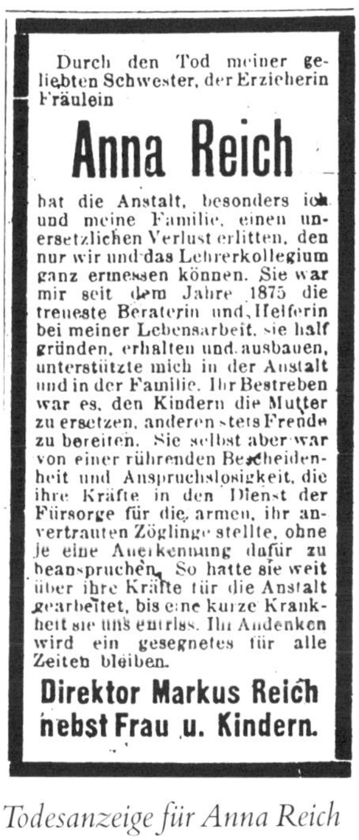

Durch den Tod meiner geliebten Schwester, der Erzieherin Fräulein

Anna Reich

hat die Anstalt, besonders ich und meine Familie, einen unersetzlichen Verlust erlitten, den nur wir und das Lehrerkollegium ganz ermessen können. Sie war mir seit dem Jahre 1875 die treueste Beraterin und Helferin bei meiner Lebensarbeit, sie half gründen, erhalten und ausbauen, unterstützte mich in der Anstalt und in der Familie. Ihr Bestreben war es, den Kindern die Mutter zu ersetzen, anderen stets Freude zu bereiten. Sie selbst aber war von einer rührenden Bescheidenheit und Anspruchslosigkeit, die ihre Kräfte in den Dienst der Fürsorge für die armen, ihr anvertrauten Zöglinge stellte, ohne je eine Anerkennung dafür zu beanspruchen. So hatte sie weit über ihre Kräfte für die Anstalt gearbeitet, bis eine kurze Krankheit sie uns entriss. Ihr Andenken wird ein gesegnetes für alle Zeiten bleiben.

Direktor Markus Reich nebst Frau u. Kindern.

Todesanzeige für Anna Reich

Israelitische Taubstummenanstalt, Parkstraße 22

Martin Philippson

Martin Philippson – Grabstätte

Arbeitekrolonie Weißensee, Wörthstraße 20 (heute Smetanastraße 53)

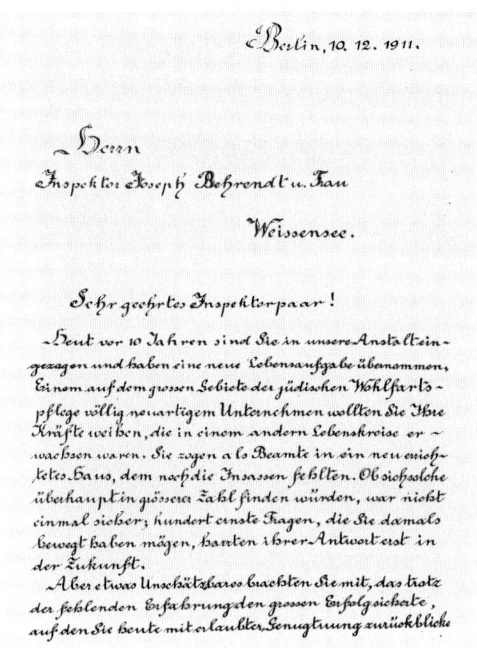

Berlin, 10. 12. 1911.

Herrn

Inspektor Joseph Behrendt u. Frau

Weissensee.

Sehr geehrtes Inspektorpaar!

Heut vor 10 Jahren sind Sie in unsere Anstalt eingezogen und haben eine neue Lebensaufgabe übernommen. Einem auf dem grossen Gebiete der jüdischen Wohlfahrtspflege völlig neuartigem Unternehmen wollten Sie Ihre Kräfte weihen, die in einem andern Lebenskreise erwachsen waren. Sie zogen als Beamte in ein neu errichtetes Haus, dem noch die Insassen fehlten. Ob sich solche überhaupt in grösserer Zahl finden würden, war nicht einmal sicher; hundert ernste Fragen, die Sie damals bewegt haben mögen, harrten ihrer Antwort erst in der Zukunft.

Aber etwas Unschätzbares brachten Sie mit, das trotz der fehlenden Erfahrung den grossen Erfolg sicherte, auf den Sie heute mit erlaubter Genugtuung zurückblicke

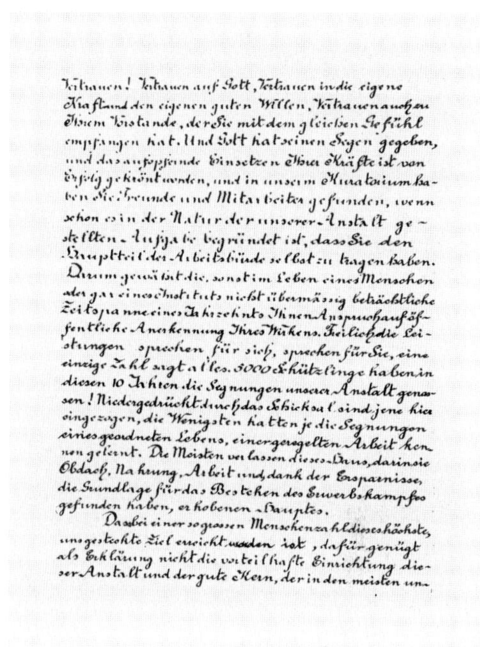

Vertrauen! Vertrauen auf Gott, Vertrauen in die eigene Kraft und den eigenen guten Willen, Vertrauen auch zu Ihrem Vorstande, der Sie mit dem gleichen Gefühl empfangen hat. Und Gott hat seinen Segen gegeben, und das aufopfernde Einsetzen Ihrer Kräfte ist von Erfolg gekrönt worden, und in unserm Kuratorium haben Sie Freunde und Mitarbeiter gefunden, wenn schon es in der Natur der unserer Anstalt gestellten Aufgabe begründet ist, dass Sie den Hauptteil der Arbeitsbürde selbst zu tragen haben. Darum gewährt die, sonst im Leben eines Menschen oder gar eines Instituts nicht übermässig beträchtliche Zeitspanne eines Jahrzehnts Ihnen Anspruch auf öffentliche Anerkennung Ihres Wirkens. Freilich die Leistungen sprechen für sich, sprechen für Sie, eine einzige Zahl sagt alles. 5000 Schützlinge haben in diesen 10 Jahren die Segnungen unserer Anstalt genossen! Niedergedrückt durch das Schicksal sind jene hier eingezogen, die Wenigsten hatten je die Segnungen eines geordneten Lebens, einer geregelten Arbeit kennen gelernt. Die Meisten verlassen dieses Haus, darin sie Obdach, Nahrung, Arbeit und, dank der Ersparnisse, die Grundlage für das Bestehen des Erwerbskampfes gefunden haben, erhobenen Hauptes.

Dass bei einer so grossen Menschenzahl dieses höchste, uns gesteckte Ziel erreicht worden ist, dafür genügt als Erklärung nicht die vorteilhafte Einrichtung dieser Anstalt und der gute Kern, der in den meisten un-

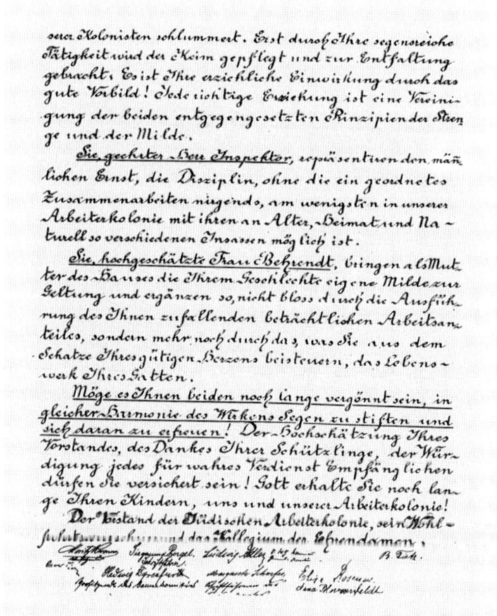

serer Kolonisten schlummert. Erst durch Ihre segensreiche Tätigkeit wird der Keim gepflegt und zur Entfaltung gebracht. Es ist Ihre erziehliche Einwirkung durch das gute Vorbild! Jede richtige Erziehung ist eine Vereinigung der beiden entgegengesetzten Prinzipien der Strenge und der Milde.

Sie, geehrter Herr Inspektor, repräsentieren den männlichen Ernst, die Disziplin, ohne die ein geordnetes Zusammenarbeiten nirgends, am wenigsten in unserer Arbeiterkolonie mit ihren an Alter, Heimat und Naturell so verschiedenen Insassen möglich ist.

Sie, hochgeschätzte Frau Behrendt, bringen als Mutter des Hauses die Ihrem Geschlechte eigene Milde zur Geltung und ergänzen so, nicht bloss durch die Ausführung des Ihnen zufallenden beträchtlichen Arbeitsanteiles, sondern mehr noch durch das, was Sie aus dem Schatze Ihres gütigen Herzens beisteuern, das Lebenswerk Ihres Gatten.

Möge es Ihnen beiden noch lange vergönnt sein, in gleicher Harmonie des Wirkens Segen zu stiften und sich daran zu erfreuen! Der Hochschätzung Ihres Vorstandes, des Dankes Ihrer Schützlinge, der Würdigung jedes für wahres Verdienst Empfänglichen dürfen Sie versichert sein! Gott erhalte Sie noch lange Ihren Kindern, uns und unserer Arbeiterkolonie!

Der Vorstand der Jüdischen Arbeiterkolonie, sein Wohlfahrtsausschuss und das Kollegium der Ehrendamen.

Dankschreiben des Vorstandes der Jüdischen Arbeiterkolonie, des Wohlfahrtsausschusses und des Kollegiums der Ehrendamen an das Inspektorenehepaar Behrendt für dessen 10jährige Tätigkeit in der Arbeiterkolonie

Heinrich Rosin

Heinrich Rosin – Grabstätte

Jüdische Blindenanstalt für Deutschland

James Simon

James Simon – Grabstätte

Stadtbad Mitte, Gartenstraße 5–6

Lina Morgenstern

Lina Morgenstern – Grabstätte

Volksküche

Hermann Makower (1830 Santomischel/Posen – 1897 Berlin)
Jurist, Rechtsanwalt in Berlin, von 1870 bis 1892 Vorsitzender der Repräsentantenversammlung der Jüdischen Gemeinde, gründete das 2. Knabenwaisenhaus der Gemeinde. Schrieb: »Das allgemeine Handelsgesetzbuch« (1862), »Über die Gemeindeverhältnisse der Juden in Preußen« (1873).
Grabstätte: Friedhof Schönhauser Allee – Abteilung B, Ehrenreihe

Israelitische Taubstummenanstalt, Parkstraße 22
1873 in Fürstenwalde/Spree durch Markus Reich gegründet, 1890 nach Berlin-Weißensee, Parkstraße 22 verlegt, wo sie 58 Plätze hatte und bis zu ihrer Liquidierung durch die NS-Behörden bestanden hat. Nach dem Krieg wurde das Gebäude durch die SED genutzt, seit 1990 befindet sich darin eine Behindertenschule des Diakonischen Werks.

Markus Reich (1844 Kolin – 1911 Berlin)
Pädagoge, besuchte die Jüdische Lehrerbildungsanstalt in Berlin und ergänzte dann seine Ausbildung an der Königlich-preußischen Taubstummenanstalt, gründete 1873 in Fürstenwalde/Spree die Israelitische Taubstummenanstalt für Deutschland und 1884 den Verein »Freunde der Taubstummen – Jedide Ilmim«, um den Fortbestand und die Erweiterung der Einrichtung, die er 1890 nach Berlin-Weißensee verlegen konnte, zu sichern. Unterstützt wurde Reich in seiner Arbeit durch seine Schwester Anna (1852–1911), die gleichfalls Blindenpädagogin war.
Grabstätte: Friedhof Weißensee – Feld U1, Reihe 15
Todesanzeige für Anna Reich in der »Allgemeinen Zeitung des Judentums«

Arbeiterkolonie Weißensee, Wörthstraße 20 (heute Smetanastraße 53)
Nach einer Terrainschenkung des Rittergutsbesitzers Ludwig Meyer durch den Deutsch-israelitischen Gemeindebund gegründet mit dem Ziel, arbeitslose aber arbeitsfähige und -willige Männer, inländische Wanderbettler sowie entlassene Strafgefangene aufzunehmen und ihnen passende Arbeit mit entsprechendem Verdienst sowie Unterbringung zu vermitteln. 1923 wurde die Arbeiterkolonie in ein Dauerheim für 65 erwachsene jüdische Schwachsinnige beiderlei Geschlechts umgewandelt. Die Heimbewohner wurden vorwiegend in der nahegelegenen Gärtnerei des jüdischen Friedhofs beschäftigt, bis sie im Frühjahr 1943 deportiert und ermordet wurden. Der Gebäudekomplex wird durch das Bezirksamt Weißensee genutzt.

Martin Philippson (1846 Magdeburg – 1916 Berlin)
Historiker, 1875 Professor an der Universität Bonn, 1878–90 Brüssel, später am Gesamtarchiv der deutschen Juden in Berlin. Gründete als Vorsitzender des Deutsch-israelitischen Gemeindebundes die Arbeiterkolonie Weißensee sowie mehrere Fürsorgeanstalten und die »Israelitische Erziehungsanstalt für geistig zurückgebliebene Kinder« in Beelitz/Mark. Schrieb: »Neueste Geschichte des

jüdischen Volkes« (1907–11), »Geschichte Heinrichs des Löwen« (1867–68, 2 Bde.; 2. Aufl. 1918), »Heinrich IV. und Philipp III.« (1870–76, 3 Bde.), »Das Zeitalter Ludwigs XIV.« (1880, 2. Aufl. 1890), »Geschichte des preußischen Staatswesens vom Tode Friedrichs d. Gr. bis zu den Freiheitskriegen« (1880–82, Bd. 1 u. 2), »Der Grosse Kurfürst« (1897–1903, 3 Bde.), »Max von Forckenbeck« (1898), »Das Leben Kaiser Friedrichs III.« (1900) u.a.
Grabstätte: Friedhof Weißensee – Feld G1, Ehrenreihe
Dankschreiben des Vorstandes der Jüdischen Arbeiterkolonie, des Wohlfahrtsausschusses und des Kollegiums der Ehrendamen an das Inspektorenehepaar Behrendt für dessen 10jährige Tätigkeit in der Arbeiterkolonie.

Jüdische Blindenanstalt für Deutschland, Steglitz, Wrangelstraße 6–7
Gegründet 1909 durch Heinrich Rosin für 42 blinde jüdische Erwachsene und Kinder aus dem ganzen Reich, Träger des Heimes war ein Verein.

Heinrich Rosin (1863 Berlin – 1934 Berlin)
Internist, Professor, Mitbegründer der Jüdischen Blindenanstalt für Deutschland. Schrieb: »Die Juden in der Medizin« (1926).
Grabstätte: Friedhof Weißensee – Feld M7, Reihe 6

2. Altersversorgungsanstalt der Jüdischen Gemeinde, Schönhauser Allee 22
Am 2. Dezember 1880, dem Tage ihrer Silberhochzeit, durch das Ehepaar Moritz und Bertha Manheimer gestiftet, entworfen von dem Architekten Carl Schwatlo (1831–84), eingeweiht am 11. November 1883, 89 Plätze, nach 1941 wurden die Bewohner und das Pflegepersonal nach Auschwitz deportiert. Das Gebäude wird seit der Nachkriegszeit durch die Polizei genutzt.

Moritz Manheimer (1826 Gommern – 1916 Berlin) **Bertha Manheimer** (1837 Berlin – 1918 Berlin)
Kaufmannsehepaar, stiftete die 2. Altersversorgungsanstalt Schönhauser Allee 22 und das Hospital Oranienburger Straße 31, beteiligte sich an der Gründung des Lehrlingsheimes Mühlenstraße in Berlin-Pankow.
Grabstätte: Friedhof Schönhauser Allee – Abteilung H (Mauer)

Baruch Auerbachsche Waisen- und Erziehungsanstalten für jüdische Knaben und Mädchen, Schönhauser Allee 162
1832 gegründet von Baruch Auerbach, 1896/97 Neubau nach Entwurf des Gemeindebaumeisters Johann Hoeniger (1850–1913), hatte 80 Plätze, seit 1923 befand sich in dem Gebäude auch die »Liberale Synagoge Norden«, 1942 wurden die Kinder und ihre Erzieher zunächst nach Riga und von dort in ein Vernichtungslager deportiert und die Anstalten geschlossen. Das Gebäude ist im Kriege zerstört worden, heute stehen an seiner Stelle Wohnbauten.

Baruch Auerbach (1793 Inowroclaw – 1864 Berlin)
Pädagoge, 1817–37 Leiter der Dina-Nauenschen Stiftung, 1829–51 Direktor der

»Jüdischen Gemeindeschule Talmud-Thora«, gründete 1832 die »Baruch Auerbachschen Waisen- und Erziehungsanstalten für jüdische Knaben und Mädchen«, die er bis zu seinem Tode leitete.
Grabstätte: Friedhof Schönhauser Allee, Abteilung A, Ehrenreihe

Reichenheimsches Waisenhaus der Jüdischen Gemeinde, Weinbergsweg 13
1870 auf der Grundlage einer Stiftung des Ehepaares **Moritz** und **Sara Reichenheim** in Höhe von 250 000 Talern für 40 Knaben und 30 Mädchen gegründet, errichtet nach Plänen des Architekten Friedrich Hitzig (1811–81), eröffnet am 8. Mai 1872, bis 1906 geleitet von Professor Moritz Jutrosinski (1825–1909), danach von Dr. Sigmund Feist (1865–1943), nach 1941 wurden die Kinder und das Personal in Konzentrationslager deportiert und das Heim geschlossen. Das Gebäude wurde im Krieg zerstört und an seiner Stelle später ein Feierabendheim errichtet.
Moritz Reichenheim (1815 Bernburg – 1872 Berlin) Industrieller, **Sara Reichenheim** (1814 Amsterdam – 1881 Berlin)
Stifter des Reichenheimschen Waisenhauses der Jüdischen Gemeinde
Grabstätte: Friedhof Schönhauser Allee – Abteilung A, Ehrenreihe

2. Waisenhaus der Jüdischen Gemeinde, Berlin-Pankow, Berliner Straße 120/121
1882 durch Justizrat Hermann Makower gegründet für 40 Kinder von Opfern der Pogrome in Rußland von 1881. Das zunächst sehr kleine Gebäude wurde 1912/13 durch einen großzügigen Neubau mit 90 Plätzen nach einem Entwurf des Gemeindebaumeisters Alexander Beer (1873–1943) ersetzt, erst in den letzten Jahren seines Bestehens wurden auch Mädchen aufgenommen, 1942 sind die Zöglinge mit ihren Erziehern nach Auschwitz deportiert worden. Nach dem Krieg wurde das Gebäude zunächst durch das Bezirksamt Pankow, später als polnische und danach als kubanische Botschaft genutzt.

Volksküche
Die erste Volksküche, in der für ein geringes Entgelt eine warme Speise verabreicht wurde, gründete 1866 Lina Morgenstern, später gab es in allen Stadtteilen Berlins diese von dem Verein für Volksküchen unterhaltenen wohltätigen Einrichtungen.

Lina Morgenstern, geb. Bauer (1830 Breslau – 1909 Berlin)
Schriftstellerin, Kaufmannsfrau; gründete Vereine für Volksküchen (daher ihr Ehrenspitzname »Suppenlina«), für Kinderschutz (1869) und für Mädchenschutz, richtete Kochschulen, Krankenpflegekurse, das erste Kindergärtnerinnenseminar u.a. ein, war Mitbegründerin des ersten Arbeiterinnen-Bildungsvereins und der ersten Krankenkasse für Arbeiterinnen sowie 1895 Vorstandsmitglied der Deutschen Friedensgesellschaft; gab seit 1874 die »Deutsche Hausfrauenzeitung« (seit 1905 u.d.T. »Frauenreich«) heraus. Schrieb: »Das Paradies der Kindheit« (1861;

6. Aufl. 1904), »Friedrich Fröbel« (1882), »Ernährungslehre« (1882; 5. Aufl. 1903), »Universalkochbuch« (1881; 4. Aufl. 1921), »Die Frauen des 19. Jahrhunderts« und »Frauenarbeit in Deutschland«.
Grabstätte: Friedhof Weißensee – Feld U1, Reihe 11

Stadtbad Mitte, Gartenstraße 5–6
Gegründet 1880 durch James Simon; bestehender Bau 1929–30 nach Entwürfen von Carlo Jelkmann, Innengestaltung von Heinrich Tessenow (1876–1950).

James Henry Simon (1851 Berlin – 1932 Berlin)
Kaufmann, Bankier, Kunstsammler und Mäzen; gründete 1880 das Stadtbad Mitte und den »Verein für Volksbäder«, 1899 den »Verein zum Schutze der Kinder vor Ausnutzung und Mißhandlung«, 1901 mit Paul Nathan den »Hilfsverein der deutschen Juden«, 1906 mit Franz von Mendelssohn das »Haus Kinderschutz« in Zehlendorf, den »Berliner Verein für Volksunterhaltung«, arbeitete mit im »Berliner Verein für Ferienkolonien« und stiftete Wanderfahrten, initiierte Ausbildungs- und Auswanderungshilfen, unterstützte Kurhospitäler und Waisenhäuser, war 1887 Mitbegründer des »Deutschen Orientkomitees« und 1898 der »Deutschen Orientgesellschaft« sowie des Technikums in Haifa; finanzierte über Jahrzehnte die großen Ausgrabungen in Mesopotamien, Ägypten und Palästina; förderte mit Rudolf Virchow die Erforschung und Sammlung volkstümlichen Kulturgutes aller deutschen Landschaften; schenkte den Berliner Museen 1904 seine aus 445 Stücken bestehende Sammlung italienischer Renaissancekunst, 1918 weitere 351 Werke zumeist deutscher Plastik sowie den Vorderasiatischen und Ägyptischen Museen die bei den Ausgrabungen gemachten Funde, die Kunst aus Babylon und die reichen Amarna-Funde, wie auch das populärste Werk der altägyptischen Kunst, den Kopf der Nofretete.
Grabstätte: Friedhof Schönhauser Allee – Abteilung L

Die Eingangsbauten des jüdischen Friedhofs Weißensee

Die Eingangsbauten des jüdischen Friedhofs sind 1879/80 nach einem geänderten Wettbewerbsentwurf des Baumeisters Hugo Licht entstanden. Ein symmetrisch gruppiertes Bauensemble aus gelbem Backstein rahmt einen quadratischen Ehrenhof. Dessen Nordseite wird zur Straße hin durch dekorative schmiedeeiserne Tore, Mauern und eingeschossige Gebäude gefaßt. Die Südseite schließt ein Arkadengang auf T-förmigem Grundriß ab. An dessen Ost- und Westende stehen jeweils zweigeschossige Häuser, ein Bürohaus und die Leichenhalle, an seinem Südende die Trauerhalle. Diese ist ein Zentralbau auf quadratischem Grundriß mit halbrunder Apsis und zwei rechteckigen Anbauten. Die Kuppel der Halle wird gekrönt von einem achteckigen Tambour mit flachem Zeltdach und einer Laterne, darauf ein Magen David. Gerühmt wurde die gute Akustik der Trauerhalle.

Zustandsfoto 1991

Schaubild zu Hugo Lichts Wettbewerbsentwurf

Zustandsfoto nach der Einweihung um 1880

Rückseite der Trauerhalle – Zustand 1988

Errichtet: 1879–1880
Baustil: Historismus, eklektizistische Form der italienischen Renaissance
Architekt: Hugo Licht
Bauleiter: Architekt Freitag
Bauarbeiten: Maurermeister Landé
Kunstschmiedearbeiten: Schmiedemeister Fabian
Einweihung: 9. September 1880
Änderungen: 1901 Teilverglasung der Arkaden
Abbruch des Wasserturms nach 1920.

Die Nutzung der Trauerhalle mußte vor etwa 20 Jahren eingestellt werden, weil das Gebäude durch mangelnde Instandhaltung während der NS- und der Nachkriegszeit zunehmend verfallen war, so daß Besucher zuletzt durch herabfallende Stuckteile gefährdet werden konnten. 1988 beauftragte der Ostberliner Magistrat den Rat des Stadtbezirks Weißensee, in Übereinstimmung mit der Jüdischen Gemeinde und dem Bereich Denkmalpflege den gesamten Gebäudekomplex im Zeitraum von 1991 bis 1995 instandzusetzen. Die Auftragsvergabe übernahm der HAG (Hauptauftraggeber) Komplexer Wohnungsbau Weißensee (heute Hochbauamt Weißensee).

Freilegungsfenster

Zustand 1990

Freilegungsfenster des Restaurierungsateliers zur Ermittlung der ersten reicheren Farbfassung an der Holzbalkendecke des Arkadenganges – 1990

1988–1989 Gesamtaufmaß, Lagepläne und Schnitte VEB Kombinat Geodäsie und Kartografie, Stammbetrieb Berlin
1989–1990 Bauzustandsermittlungen
1990 Erste Sicherungsarbeiten an der Trauerhalle
1990 Denkmalpflegerische Aufnahmen Denkmalpflege Berlin GmbH
Seit 1991 erfolgt die Baubetreuung durch das Hochbauamt Schöneberg.
1991 Erarbeitung der erforderlichen Baudokumentation Architekturbüro Petersen
1991 Vorbereitung und Durchführung der Baumaßnahmen Architekturbüro Szajak

Hugo Licht (1841 Niederzedlitz/Posen – 1923 Leipzig)
1871–1879 Privatarchitekt in Berlin
1879–1906 Stadtbaudirektor und Professor der Baukunst in Leipzig

Ausgeführte Entwürfe Lichts:
Johannisfriedhof Leipzig, Eingangsbauten, 1881-1884
Konservatorium (Hochschule für Musik) Leipzig, 1887
Klinik »Rotes Haus« Leipzig, 1887-1889
Altes Grassimuseum Leipzig, 1893-1895
Messehaus »Städtisches Kaufhaus« Leipzig, 1893–1901
Neues Rathaus Leipzig, 1899–1905
Zentralmarkthalle Leipzig
Polizeigebäude Leipzig
Stadthaus Leipzig, 1908–1912
Neues Rathaus Döbeln, 1910–1912
Löwenbrunnen Leipzig, 1918

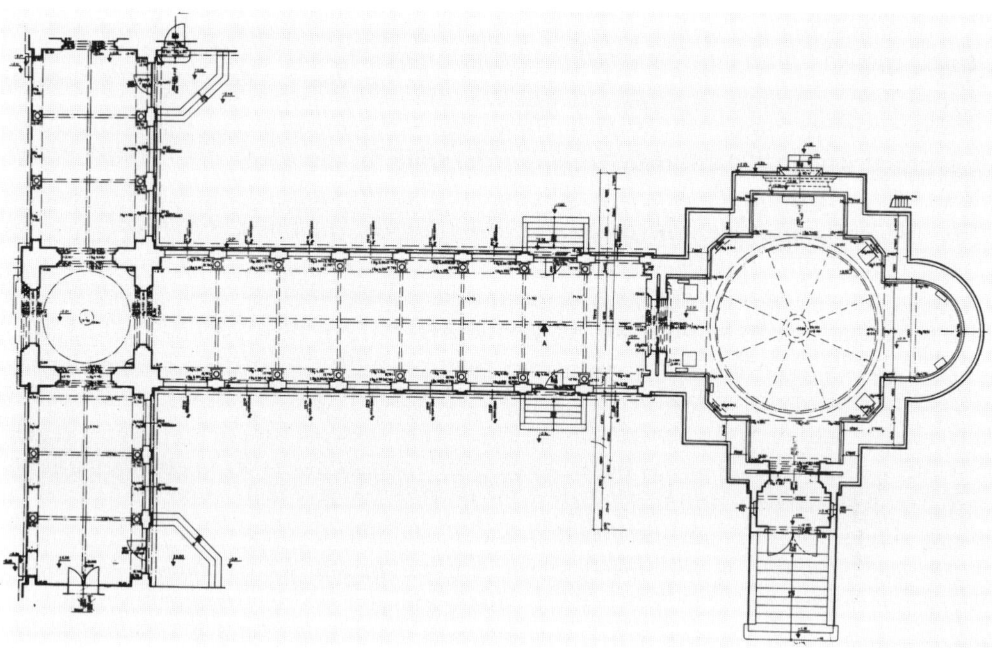

Grundriß der Trauerhalle und des Arkadenganges

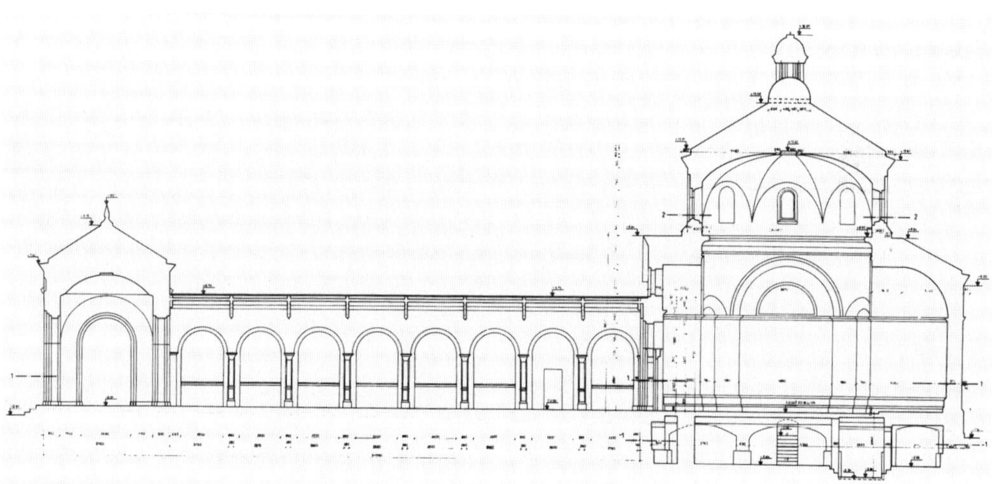

Längsschnitt durch Trauerhalle und Arkadengang

Licht gab heraus:
Architektur Berlins (1877)
Architektur Deutschlands (1878–1882, 2 Bde.)
Architektur der Gegenwart (1886–1900, 5 Bde.) sowie die Vierteljahrszeitschrift »Die Architektur des 20. Jahrhunderts«, (1900–1914).

Heinrich Simon

Leben und Tod in der Sicht des Judentums

Das Judentum ist häufig als Gesetzesreligion bezeichnet worden, und man hat damit ausdrücken wollen, daß es seine Anhänger verpflichte, eine große Anzahl von Geboten zu befolgen, die im Pentateuch enthalten sind und als deren Urheber Gott angesehen wird. Betrachtet man diese Charakterisierung der jüdischen Religion unvoreingenommen, ohne damit die Wertung zu verbinden, das Christentum sei als Religion der Liebe die Vollendung des Judentums und diesem überlegen, so lassen sich daraus zwei für unser Thema wesentliche Konsequenzen ziehen: Wenn der Kern des Judentums in der Lebensweise seiner Bekenner liegt, so stellt das irdische Leben für den Menschen den höchsten Wert dar. Und in der Tat ist es ein Charakterisikum der jüdischen Religion, daß das Leben auf der Erde nicht als Vorstufe für ein im Jenseits liegendes Glück aufgefaßt, nicht das Leben nach dem Tode als das wahre Leben angesehen wird, sondern daß das irdische Leben die eigentliche Aufgabe des Menschen ist. Die zweite Folgerung, die sich mit Recht aus der Charakterisierung des Judentums als Gesetzesreligion ziehen läßt, besteht darin, daß es vornehmlich auf das Handeln des Menschen ankommt; dieses wird von der Religion im einzelnen und sehr genau geregelt, während dem Denken ein recht breiter Spielraum zugebilligt wird und das Judentum seinen Anhängern gestattet, religiöse Lehren auf die unterschiedlichste Weise zu interpretieren. Dasjenige, was die Bibel in Form von Geboten und Verboten dem Menschen auferlegt, ist zu befolgen; aber das, was das biblische Schrifttum erzählt, muß durchaus nicht wörtlich verstanden werden, sondern läßt sich auf mannigfaltige Weise auslegen und rezipieren.

Die Tatsache, daß es im Judentum keine Instanz gibt, die befugt wäre, verbindliche Interpretationen des zu Glaubenden festzulegen, schafft auch in der Praxis eine Vielfalt von Ansichten, die im Rahmen der Religion ihren Platz haben. Diese Vielfalt erschwert es allerdings, verbindlich zu formulieren, worin für die jüdische Religion der Sinn des Leidens liegt, das Menschen heimsucht, und ebenso das Phänomen des Todes, der Beendigung des Lebens, in dem der Mensch seine religiösen Pflichten erfüllt, im Rahmen des göttlichen Weltplanes zu erklären. Jedenfalls können derartige Fragen nicht mit dem gleichen Maß an Verbindlichkeit beantwortet werden wie diejenigen, die sich auf die Existenz des Menschen als moralisch verantwortliches Wesen beziehen.

Die jüdische Religion geht von der Annahme eines einig-einzigen Gottes aus, der die Welt geschaffen habe. Dieses Schöpfungswerk, das im Anfang des 1. Buches Mosis beschrieben ist, wird durch die Schaffung des Menschen gekrönt; und diese göttliche Tätigkeit wird als etwas uneingeschränkt Gutes und Vollkommenes angesehen. Auf Grund dieser Konzeption ist der Mensch allem anderen Geschaffenen übergeordnet und ist dazu bestimmt, alle Geschöpfe zu beherrschen. Von ihm allein wird in der Schöpfungsgeschichte gesagt, er sei »im Bilde Gottes« geschaffen. Bei aller Unsicherheit und Variabilität der Interpretation einer solchen Formulierung kann man daraus ersehen, daß nach dieser Vorstellung zwischen Gott und dem Menschen ein einzigartiger Kontakt besteht, der enger ist als die Beziehung Gottes zu allem anderen

Geschaffenen. Diese Besonderheit des Menschen, die ihn aus der übrigen Schöpfung heraushebt, besteht in seiner moralischen Qualität, in seiner Fähigkeit, Gutes und Böses zu unterscheiden und entsprechend zu handeln. Das gesamte Mosaische Gesetz geht davon aus, daß der Mensch die Fähigkeit und die Möglichkeit besitzt, das Gute zu tun und das Böse zu meiden, und er für sein Tun verantwortlich ist. Dieses Vermögen verdankt der Mensch nach jüdischer Auffassung der Vorstellung, daß er aus dem Staub der Erde gebildet, der Lebensodem ihm aber von Gott eingeblasen sei, so daß er aus Körper und Seele bestehe und auf diese Weise in sich etwas Göttliches, Ewiges berge.

Das Leben ist das höchste Gut des Menschen, da es ihm von Gott gegeben und aufgegeben ist. Und darum ist der Mensch verpflichtet, alles in seinen Kräften Stehende zu tun, um das Leben zu erhalten, das eigene und ebenso das seiner Mitmenschen. Es nimmt uns daher nicht wunder, daß der Selbstmord vom Judentum strikt abgelehnt wird, da er der göttlichen Absicht zuwiderläuft. So ergibt es sich, daß bei der Bestattung eines Selbstmörders keine Zeremonien ausgeführt werden sollen, die der Ehrung des Toten dienen. Allerdings wird diese Bestimmung dadurch gemildert, daß zwischen solchen Personen unterschieden wird, die mit voller Absicht Hand an sich legen, und solchen, die eine derartige Tat im Zustand geistiger Verwirrung und geminderter Zurechnungsfähigkeit begehen. Im Regelfall wird davon ausgegangen, daß der Selbstmörder nicht verantwortlich ist, und nur dem bewußt sein Ende Herbeiführenden werden Ehrungen bei seinem Tode vorenthalten. Vom Selbstmord zu unterscheiden ist allerdings der Märtyrertod, der unter bestimmten Voraussetzungen geboten ist: Die Rettung des Lebens darf nicht um den Preis des Götzendienstes, der Unzucht oder des Mordes erfolgen. Kommt der Mensch in eine solche Grenzsituation, so soll er zur Heiligung des göttlichen Namens sein Leben hingeben. Nur die Entweihung des göttlichen Namens durch Götzendienst, Unzucht und Mord sind unter allen Umständen zu vermeiden, während alle anderen Gebote übertreten werden dürfen, wenn das zur Rettung des Lebens erforderlich ist. Das betrifft nicht nur das eigene Leben, sondern auch das eines anderen. Wenn es gilt, Leben zu bewahren, entfallen beispielsweise alle Vorschriften des Werkverbotes am Sabbat, alle Speisegesetze, denn man geht davon aus, der Mensch solle mit den göttlichen Geboten leben, nicht aber durch sie sterben. Auf diese Weise erhält auch die Medizin eine ethisch-religiöse Fundierung, wie das sehr deutlich bei dem bedeutenden mittelalterlichen Talmudisten, Philosophen und Arzt Maimonides (Moses ben Maimon; 1135 – 1204) zum Ausdruck kommt, für den zwischen diesen drei nach moderner Vorstellung äußerst heterogenen Betätigungen eine Einheit besteht: Die Philosophie befaßt sich mit der Erklärung von Sinn und Zweck der im Talmud kodifizierten Satzungen; die Medizin hingegen dient dem Kampf gegen das Übel, das die von Gott gewollte Harmonie der Welt stört. So wird es zur religiösen Pflicht, durch Prophylaxe und Hygiene die Gesundheit zu erhalten und sie durch Heilung der Krankheiten wiederherzustellen.

Die Diesseitigkeit der religiösen Ziele des Judentums kommt sehr deutlich bei einem Gelehrten des 2. Jahrhunderts u. Z., Rabbi Jakob, zum Ausdruck, von dem folgender Ausspruch in der Mischna, der mündlichen Lehre, überliefert wird: »Schöner ist eine Stunde in Umkehr (zu Gott) und guten Taten in dieser Welt als das ganze Leben der kommenden Welt. Und schöner ist eine Stunde der Seelenruhe in der kommenden Welt als das ganze Leben dieser Welt.« (Traktat Awot 4,17) Das Glück in der kommenden Welt erlangt nur der, der sich in dieser Welt bewährt hat.

Wie wir aus diesem Ausspruch sehen, geht das Judentum davon aus, daß mit dem Tode nicht alles zu Ende ist, sondern daß es nicht die Absicht des göttlichen Schöpfers gewesen sein kann, den einzelnen Menschen spurlos verschwinden zu lassen. Die Vorstellungen des Judentums, was nach dem Tode mit dem Menschen wird, stehen allerdings gegenüber den Pflichten des Menschen auf Erden deutlich im Hintergrund und besitzen im allgemeinen keine bindende Geltung.

Doch zunächst wollen wir einen Blick auf das Problem des Leidens werfen, denn es ist natürlich auch dem Judentum nicht verborgen geblieben, daß das Leben des Menschen vielfach durch Leid erschwert und beeinträchtigt wird. Das betrifft sowohl das Unglück, das dem Menschen durch Schicksalsschläge widerfährt, als auch die Schmerzen, die ihm durch Krankheiten zugefügt werden.

Die Tatsache, daß es in der Welt Leid und Not gibt, stellt für eine Religion, die wie das Judentum davon ausgeht, daß die göttliche Schöpfung gut sei, ein schwieriges Problem dar. Denn wie ist das Übel zu erklären; warum könnte Gott, der allmächtig ist und der das Gute will, nicht seine Schöpfung vor allem Übel bewahren? Da man von den religiösen Prämissen her den Standpunkt akzeptieren muß, daß Gott dazu in der Lage wäre, dem Menschen keine Leiden aufzubürden, kann es nur die Antwort geben, daß das Leiden des einzelnen von Gott gewollt ist. Und da Gott als absolut gerecht verstanden wird, bietet sich zunächst für die Tatsache des Leidens eine pädagogisch-moralische Erklärung an: Leiden ist eine Strafe für böses Handeln und ruft den Sünder zur Besserung auf. Aber zweifellos kann eine solche Erklärung allein nicht restlos befriedigen, weil die Praxis zeigt, daß es Bösen oft gut geht, während Fromme und Gerechte leiden. Die Kabbala, die jüdische Mystik des Mittelalters, operiert mit dem Gedanken, daß durch Adams Fall, durch seinen Ungehorsam gegenüber Gott und die anschließende Vertreibung aus dem Paradies, das Leiden in die Welt gekommen sei, weil der ursprüngliche göttliche Plan, der dem Menschen ein paradiesisches Leben eröffnete, durch den Menschen selbst durchkreuzt wurde. Die mittelalterliche jüdische Philosophie erklärt unter dem Einfluß des Neoplatonismus das Böse in der Welt häufig als die Abwesenheit des Guten; indem das Gute mit dem Seienden gleichgesetzt wird, gilt die Absenz des Guten als bloße Privation, so daß das Böse mit dem Nichtseienden identifiziert und damit seiner Realität beraubt wird. Die klassische Auseinandersetzung der jüdischen Religion mit dem Leiden finden wir im biblischen Buch Hiob. Hier werden Leiden als Versuchung verstanden, als Probe der Standhaftigkeit des Hiob, der auch in Situationen, die für ihn schwierig sind, schließlich sich vertrauensvoll in sein Schicksal ergibt und der dann für seine Treue doch den ihm gebührenden Lohn empfängt.

Aber alle Schicksalsschläge, die der Mensch erleidet, sei es Not und Elend, seien es Krankheiten und Schmerzen, werden im letzten Grunde in der jüdischen Vorstellungswelt doch in eine im allgemeinen optimistische Grundhaltung eingeordnet; das Vertrauen darauf, daß die Welt gut und gerecht eingerichtet ist und daß der Mensch, der seine Pflichten in der Welt zu erfüllen sucht, zum Glück gelangt, bleibt unerschüttert. Der Ausspruch des Gelehrten Nachum aus Gimso (1. Jh. u. Z.), der, wenn ihm ein Übel widerfuhr, zu sagen pflegte: »Auch das ist zum Guten«, gehört zu den bekanntesten talmudischen Zitaten und ist noch heute die gebräuchliche Reaktion orthodoxer Juden auf einen Unglücksfall.

Vermag sich derjenige, dem Mißgeschick widerfährt, auf diese Weise zu trösten, so kann er auf der anderen Seite sicher sein, daß er von seinen Mitmenschen in der Stunde der Not nicht verlassen wird. Es gehört zu den in der Bibel formulierten Pflichten des Menschen, anderen zu helfen, ihre Nöte in materieller und ideeller Hinsicht zu lindern. Das gilt gegenüber allen Menschen; jeder kann stets solidarischen Beistandes gewiß sein. Darum ist es im Rahmen des Judentums zu allen Zeiten und überall zum Ausbau eines dichten Netzes charitativer Vereinigungen gekommen. Besonders besteht die Verpflichtung, für Arme und Kranke zu sorgen. Eine solche Hilfe ist vom jüdischen Standpunkt mehr als eine lobens- und empfehlenswerte Handlung, sie ist vielmehr eine Pflicht; auf der anderen Seite hat der Arme das gesetzlich verbriefte Recht auf tätigen Beistand, und der Kranke soll nicht nur medizinisch behandelt, sondern auch von seinen Mitmenschen betreut und getröstet werden. Da das Leben den höchsten Wert für den Menschen darstellt, ist alles zu tun, um es zu erhalten. Infolgedessen ist es unter keinen Umständen statthaft, das Leben eines Menschen zu verkürzen, so daß Euthanasie vom Judentum im Prinzip abgelehnt wird. Andererseits soll aber auch das Leben nicht künstlich verlängert werden, wo keine wirksame Hilfe mehr möglich ist, weil der Mensch im Sterben liegt. Sobald der Zustand der Agonie eintritt, hat jede Berührung des Sterbenden zu unterbleiben, wohl aber soll er nicht allein gelassen werden, sondern man betet mit ihm, veranlaßt ihn, seine Sünden zu bekennen, um sein Leben entsühnt beenden zu können.

Das Judentum geht davon aus, daß die Welt gerecht ist und daß die gute Tat belohnt wird, während auf die böse die Strafe folgt. Dabei wird deutlich darauf hingewiesen, daß man gut handeln müsse, um aktiv an der Verwirklichung der göttlichen Absicht einer guten Welt mitzuwirken, nicht aber zu dem Zweck, persönlichen Nutzen davon zu haben. »Der Lohn der guten Tat besteht in ihr selbst« (Mischna, Traktat Awot 4,2). Daß aber der erwartete Lohn häufig ausbleibt, ist eine übliche menschliche Erfahrung, mit der sich auch die Religion auseinanderzusetzen hat. Entsprechend den antiken Ansichten steht auch das Judentum auf dem Standpunkt, daß mit dem Ende des Lebens kein endgültiger Schlußstrich gezogen ist, und es gibt eine ganze Reihe von Vorstellungen über dasjenige, was kommt, nachdem der Mensch seinen letzten Atemzug getan hat. In der Tat ist es für den Menschen ein tröstliches Gefühl, wenn er davon überzeugt sein kann, daß sein Leben und all sein Mühen nicht letzten Endes so zunichte werden, als habe er nie gelebt. Im biblischen Schrifttum finden wir zunächst die Vorstellung, daß die Toten ein Schattendasein in der Unterwelt führen, und im Buch Kohelet, das schon in die hellenistische Zeit gehört, wird formuliert, daß der Körper wieder zu Staub werde, die Seele jedoch zu Gott zurückkehre, der sie gegeben habe (12, 7). In der talmudischen Zeit sind die Darlegungen über dasjenige, was den Menschen nach seinem Tode erwartet, ausführlicher, indem das Problem mit den Vorstellungen über das kommende Messiasreich verbunden wird.

Der Messianismus, die Erwartung einer gerechten und glücklichen Welt, ist zunächst in der biblischen Literatur eine Zukunftshoffnung,die keineswegs eschatologisch verstanden werden muß, sondern einen Zustand schildert, der dereinst eintreten wird, wenn ein Nachkomme des Davidischen Königshauses zur Herrschaft kommt und ein Reich des allgemeinen Friedens und der Gerechtigkeit errichtet. »Und er erhebt ein Panier den Völkern und sammelt die Verstoßenen Israels, und die Zerstreuten von Juda versammelt er von den vier Enden der Erde.« (Jesaja, 11, 12) »Und es wohnt der Wolf mit dem Lamme, und der Tiger lagert neben dem Böcklein, und Kalb und junger Leu und Maststier zusammen, und ein kleiner Knabe leitet sie... Und es spielt der Säugling auf dem Loch der Natter, in die Höhle des Basilisken steckt seine Hand das entwöhnte Kind. Sie tun kein Leid und richten nicht Verderben an auf meinem ganzen heiligen Berge; denn voll ist die Erde der Erkenntnis Gottes, wie Wasser die Meerestiefe bedecken.« (Jesaja 11, 6 ff.) »Und geschehen wird es in späten Zeiten, da wird aufgerichtet sein der Berg des Hauses Gottes über den Bergen, und er überragt die Hügel, und es strömen zu ihm all die Völker. Und viele Nationen werden ziehen und sprechen: Wohlan, lasset uns hinaufgehen zum Berge des Ewigen, zum Hause des Gottes Jakobs, daß er uns lehre von seinen Wegen und wir wandeln auf seinen Pfaden, denn von Zion wird die Lehre ausgehen und das Wort des Ewigen von Jerusalem. Und er wird richten zwischen den Völkern und entscheiden über viele Nationen, und sie werden stumpf machen ihre Schwerter zu Sicheln und ihre Lanzen zu Rebenmessern. Nicht wird erheben Volk gegen Volk das Schwert, und nicht lernen sie fürder den Krieg« (Jesaja 2, 2–4; Micha 4, 1–3). »Und sitzen wird jeglicher unter seinem Weinstocke und unter seinem Feigenbaume, und keiner stört...« (Micha 4, 4). Das rabbinische Judentum verbindet diese Vorstellung von einer Welt des Friedens und der Gerechtigkeit mit der Überzeugung von der Auferstehung der Toten, die dann auch für ihre Taten während ihres einstigen Lebens gerichtet werden und, sofern das Urteil positiv ist, an der kommenden Welt Anteil haben und paradiesische Freuden genießen werden. Im allgemeinen wird davon ausgegangen, daß diese Wiederbelebung der Toten wörtlich zu verstehen ist, daß die leib-seelische Einheit, die mit dem Entweichen der Seele im Augenblick des Todes beendet wurde, nun zu einem späteren Zeitpunkt wiederhergestellt wird. Diese Auffassung hat dazu geführt, daß die Feuerbestattung vom gesetzestreuen Judentum nicht befürwortet wird. Sie ist auch der Grund dafür, daß jüdische Gräber erhalten werden müssen und nicht nach einer gewissen Frist eingeebnet werden dürfen. Die Vorstellung, daß mit dem Tode des Menschen kein absolutes Ende gesetzt ist, daß vielmehr irgendwann einmal der Mensch zum Glück kommt, sofern er während seines Lebens seinen Verpflichtungen als Mensch gerecht geworden ist, kann durchaus einen Stimulus darstellen, Widrigkeiten des Lebens zu ertragen und auch dem Tod gefaßt entgegenzusehen.

Die Konzeption eines messianischen Zeitalters kann diesseitig verstanden werden als ein Zustand, der einmal auf der Erde herrschen wird und zu dessen Kommen auch der Mensch durch sein Tun beitragen kann; sie kann aber auch in die Transzendenz verlagert werden. Beide Tendenzen sind im Judentum vorhanden, wobei allerdings die Auffassung, es handele sich hier um das irdische Leben, im allgemeinen vorherrscht. Neben den Vorstellungen vom Messiasreich stehen diejenigen von der kommenden Welt, die dieser Welt entgegengesetzt wird. Es heißt in der Mischna (Traktat Sanhe-

drin 10, 1), daß ganz Israel an der kommenden Welt teilhaben werde, abgesehen von Abtrünnigen und Abweichlern, zu denen auch diejenigen gezählt werden, die bestreiten, daß die Wiederbelebung der Toten zu den Lehren der Tora gehöre.
Der Gedanke einer Welt, die nach der bestehenden von Gott geschaffen wird, erwächst aus der Annahme ihrer Endlichkeit. Da die Schöpfung einen Anfang darstellt, das Geschaffene einen Beginn hat, gelangt die Welt auch an eine zeitliche Grenze, und das wird dann der Fall sein, wenn alle von Gott vorgeplanten Geschlechter ins Leben getreten sein werden. Es ist dabei zu betonen, daß eine solche Konzeption der Endlichkeit der Welt in sehr verschiedener Weise rezipierbar ist und sogar den Gedanken der Weltewigkeit nicht ausschließt, wenn man diese als ständiges Entstehen und Vergehen und als dauernde Wiederkehr von Gleichem verstehen will. Man soll sich allerdings davor hüten, diese religiösen Vorstellungen aus Bibel und rabbinischem Schrifttum als durchdachte wissenschaftliche Systeme interpretieren zu wollen.Nehmen wir die These von der zeitlichen Begrenztheit der Welt unreflektiert in ihrem einfachen Wortsinn, daß nämlich einmal das irdische Leben nicht mehr bestehen wird, dann müssen wir beachten, daß eine solche Position im Judentum verbreitet und legitim ist, jedoch keineswegs verbindlich, weil es die jüdische Religion nicht als ihre Aufgabe ansieht, über solche Probleme zu befinden; denn ihr geht es um die Beziehungen zwischen dem Menschen und Gott bzw. zwischen den Menschen untereinander. Gestützt wird die Vorstellung von einer neuen, kommenden Welt durch eine Formulierung im Buch Jesaja (65, 17): »Denn siehe, ich erschaffe einen neuen Himmel und eine neue Erde.«
Der Jesaja-Vers erfordert nicht unbedingt ein eschatologisches Verständnis, und diese neue Erde muß nicht als jenseitig im Gegensatz zum Diesseits verstanden werden. Vielmehr sind beide Interpretationen, eine auf die Zukunft und eine auf die Transzendenz gerichtete, möglich. Jedenfalls wird aber diese kommende Welt nach rabbinischer Auffassung perfekt und für die Dauer sein. Bei den messianischen Verheißungen ist – anders als im Christentum – die Betonung der Diesseitigkeit der Ereignisse prävalent, und das hat auch im Laufe der Geschichte innerhalb des Judentums immer wieder dazu geführt, daß, vor allem in Zeiten großer Not, Personen mit messianischem Anspruch aufgetreten sind, dem sie sich dann nicht gewachsen zeigten. Die kommende Welt wird hingegen im allgemeinen als Metapher verstanden. Die messianische Ära schließt das irdische Geschehen ab, gleichgültig ob sie als in der Zeit oder als nach ihr liegend verstanden wird. Nachdem dann die Toten auferstanden sein werden, hat sich die gesamte Menschheit endgültig für ihre Taten vor Gott zu verantworten. In diesem göttlichen Gericht werden die Guten belohnt und die Bösen bestraft; in diesem Zusammenhang finden wir die Vorstellungen von Paradies auf der einen Seite und Hölle auf der anderen. Doch ob der Mensch zum ewigen Heil oder zur Verdammnis bestimmt ist, liegt bei ihm selbst während seines Lebens auf Erden, denn nach jüdischer Auffassung ist ihm der freie Wille gegeben, das Gute zu tun und das Böse zu lassen. »Alles ist in Gottes Gewalt außer der Gottesfurcht« (Babyl. Talmud, Traktat Brachot, fol. 33 b). Und darum ist auch eine Stunde der Umkehr und der guten Taten in dieser Welt schöner als das ganze Leben der kommenden Welt, weil es der Mensch selbst ist, der während seines irdischen Lebens über sein endgültiges Schicksal ent-

scheidet, er nur auf Erden Gutes tun kann, dem er dann sein postmortales Glück verdankt. Solange der Mensch auf der Erde lebt, kann er seine Sünden bereuen und auf diese Weise die göttliche Vergebung erlangen, aber nach dem Tode gibt es keine Reue mehr, sondern nur noch die demütige Unterwerfung unter das gerechte göttliche Urteil. Auf diese Weise kann selbst die reuige Umkehr auf dem Totenbett das dauernde Verhängnis abwenden, ein Gedanke, der einem Sterbenden Trost zu spenden vermag. So erklärt es sich auch, daß in der Mischna davon die Rede ist, daß – mit gewissen Ausnahmen – alle Israeliten an der kommenden Welt Anteil haben werden, weil man davon ausgeht, daß sie irgendwann während ihres Lebens, und sei es in ihrer letzten Stunde, den Weg zum Guten finden werden.

Mit dieser Formulierung, daß die Israeliten zu ewigem Glück gelangen sollen, werden andere Menschen keineswegs ausgeschlossen. An anderer Stelle wird gesagt, daß die Gerechten aller Völker daran Anteil haben. Allerdings bleiben die Meinungen geteilt, ob das zukünftige Glück nur den Bekennern der jüdischen Religion zuteil werden wird oder ob alle Menschen daran beteiligt sein können. Der Grund dafür, daß die genannte Mischnapassage nur Juden erwähnt, mag einerseits darin bestehen, daß sich die Mischna in ihren Lehrsätzen nur an Juden wendet und es darum offen läßt, was in diesem Falle mit anderen geschieht. Andererseits muß man berücksichtigen, daß diese Texte in der Zeit der römischen Fremdherrschaft in Palästina zusammengestellt wurden; die Nichtjuden, die man kannte, waren vornehmlich die Anhänger der antiken Götterkulte, die zugleich in politischer Hinsicht die Bedrücker darstellten. Diese Situation macht es verständlich, daß das Interesse der Juden am ewigen Glück der anderen nicht eben im Vordergrund stand. Das sich ausbreitende Christentum wurde als Irrglaube abgelehnt, und die Polemik gegen diese Lehre konnte schwerlich zu übermäßig toleranter Haltung gegenüber seinen Anhängern führen. Infolgedessen ist es bemerkenswert, daß es überhaupt jüdische Stimmen gab, die das Bekenntnis zum Judentum nicht als Vorbedingung für den sittlichen Wert des Menschen betrachteten.

Was denjenigen erwartet, der an der kommenden Welt Anteil hat, wird in der jüdischen Literatur in der verschiedensten Weise ausgemalt und kann hier nur angedeutet werden. Zu der Formulierung »kommende Welt« tritt noch die Vorstellung vom Paradies, das als »Garten Eden« bezeichnet wird, wie auch der Ort genannt wird, an dem sich Adam, der erste Mensch, ursprünglich befand. Das Urzeitparadies wird aber mit dem zu erwartenden paradiesischen Aufenthaltsort der Zukunft niemals identifiziert; nur die Kulisse ist dieselbe: eine schöne Landschaft, in der der Mensch friedlich und ohne sich mühen zu müssen seine Tage verbringt. Niemals wird das Glück als eine Rückkehr zur Primitivität verstanden.

In seinem Kommentar zu der Mischnastelle, daß ganz Israel an der kommenden Welt teilhaben werde, stellt Maimonides verschiedene gängige Vorstellungen vom künftigen Leben zusammen. Er zitiert den Satz und fährt fort: »Hier muß ich über große und sehr gewichtige Grundsätze der Religion sprechen. Wisse: Die Toragelehrten haben je nach ihrer Erkenntnis sehr verschiedene Meinungen über die Seligkeit, die der Mensch erlangen wird für die Erfüllung der Gebote, die Gott durch unseren Lehrer Moses uns geboten hat, und über die Verdammnis, die uns treffen wird, wenn wir sie übertreten. Die Geister verwirrten sich über dieser Frage sehr, so daß man kaum einen Menschen finden kann, dem dieser Gegenstand klar wäre, und keinen, der eine entschiedene Ansicht vertreten würde. Nichts als große Verwirrung. Man kann dabei fünf Auffassungen unterscheiden: Die eine Gruppe glaubt, die Seligkeit sei das Paradies, eine Stätte, wo ohne körperliche Mühsal und Plackerei gegessen und getrunken wird, wo es Häuser aus Edelstein und seidene Betten gibt, wo Ströme von Wein und wohlriechenden Ölen fließen und dergleichen mehr. Die Verdammnis werde die Hölle sein, eine Stätte, brennend von Feuer, an der die Leiber verbrannt, die Menschen mit allerlei Qualen gequält werden, deren Schilderung zu weit führen würde ... Die zweite Gruppe glaubt, die erwartete Seligkeit seien die Tage des Messias, möge er bald erscheinen, eine Zeit, da alle Menschen ewige Könige sein werden; sie werden von ragendem Wuchs sein und in alle Ewigkeit die Welt besiedeln. Jener Messias wird, so denken sie, so lange leben wie der Schöpfer, erhoben sei er; in jenen Tagen wird die Erde gewebte Kleider und gebackenes Brot hervorbringen und ähnlich unmögliches Zeug mehr. Die Verdammnis werde sein, wenn ein Mensch von der Teilnahme an jener Zeit ausgeschlossen sein wird und unwürdig, sie mitzuerleben ... Die dritte Gruppe glaubt, die erhoffte Seligkeit sei die Auferstehung der Toten, daß also der Mensch nach seinem Tode wiederaufleben, mit seinen Verwandten und Hausgenossen zurückkehren, essen und trinken und nie wieder sterben wird. Die Verdammnis werde sein, wenn einer nicht wiederaufleben wird ... Die vierte Gruppe glaubt, die Seligkeit, die uns für die Erfüllung der Gebote zukommen wird, sei der leibliche Frieden und das Erreichen irdischen Verlangens in dieser Welt: die Fruchtbarkeit der Länder, reicher Besitz, große Nachkommenschaft, langes Leben, Gesundheit des Leibes, Sicherheit, ein eigener König und Macht über jene, die uns anfeinden. Die Verdammnis, die uns treffen wird, wenn wir die Tora leugnen, werde die Umkehrung dieser Zustände sein, entsprechend dem, was wir heute hier erleben in der Zeit der Zerstreuung ... Die fünfte Gruppe, die die zahlreichste ist, vereinigt alle diese Gedanken und sagt, die Hoffnung sei, der Messias werde kommen, die Toten würden auferstehen, ins Paradies kommen, dort essen und trinken und gesund sein in alle Ewigkeit. – Doch nur wenige wirst du finden, die sich über dieses Wunderbare selbst, die kommende Welt, Gedanken machen, darüber nachsinnen, ihr Wesen ergründen, danach fragen, was denn dieser Begriff umfaßt, und unterscheiden zwischen dem Ziel und dem Mittel, das zum Ziel führt. Keinen wirst du danach fragen oder darüber sprechen hören. Wonach alle Welt, die Menge und die Gebildeten, fragt, ist, wie denn die Toten auferstehen werden, nackt oder bekleidet, ob sie in den gestickten, bemalten und schön genähten Gewändern erstehen werden, in denen sie begraben wurden, oder nur mit einem Kleid, das ihren Leib bedeckt; oder ob mit der Ankunft des Messias arm und reich gleich sein werden, ob es in jener Zeit Starke und Schwache geben wird; solche Fragen werden immerzu gestellt« (gekürzt und mit kleinen Änderungen zitiert nach: Rabbi Mosche ben Maimon, ausgewählt, übertragen und eingeleitet von N. N. Glatzer, Berlin 1935, S. 138 ff.).

Maimonides bietet dann ein Gleichnis: Wie einem Schüler, der noch nicht begreifen kann, daß der Wert des Lernens im Erkenntnisgewinn liegt, als Anreiz und Sinngebung eine materielle Belohnung in Aussicht gestellt werden muß, versteht der Durch-

schnittsmensch nicht, daß gute Taten um ihrer selbst willen getan werden müssen. Darum braucht er die Hoffnung auf einen Lohn, der konkret vorstellbar ist.
Ohne auf weitere Einzelheiten einzugehen, die mit dem zukünftigen Leben verbunden sind, läßt sich sagen, daß Messiasreich, künftige Welt und Paradies zwar begrifflich voneinander absetzbar sind, sich aber vielfach verschlingen und ineinander übergehen. Klarheit ist hier nicht nur nicht zu erreichen, sondern ist auch in der jüdischen Tradition nie angestrebt worden, weil eben nie die Zukunft als jenseitig und der Sinn des Lebens im Tode gesehen worden ist.
Seit der Berührung des Judentums mit der griechischen Kultur im Zeitalter des Hellenismus ist nun auch die Vorstellung von einem leib-seelischen Dualismus aufgenommen worden, so daß die Seele bzw. der Intellekt als der unsterbliche Teil des Menschen verstanden wurde, während der Körper zugrunde geht. Wie in der gesamten mittelalterlichen Philosophie spielt dieser Gedanke auch bei den jüdischen Philosophen eine Rolle. In der Regel geht es um den vernünftigen Seelenteil, den Intellekt, der nicht nur den Menschen mit der höheren Welt verbindet, sondern der auch das eigentlich Menschliche im Menschen im Unterschied zum Tier darstellt. Das Glück, zu dem die Philosophie führen will, liegt in der Erkenntnis, durch die die Einzelseele geläutert wird, emporsteigt und sich immer mehr Gott annähert, indem sie die Gesetzmäßigkeit der Welt in wachsendem Maße begreift. Die Möglichkeit, zu diesem Glück zu gelangen, besteht für den Menschen zwar im Prinzip bereits während seines Lebens, wird jedoch im allgemeinen erst dann erreicht, wenn alle Hemmnisse ausgeschaltet sind, die aus der Bindung der Seele an den Körper erwachsen. Ob diese Rückkehr der Seele in ihre Heimat, die intelligible Welt, die Individualität aufhebt und die Seele des Menschen wieder in einen allgemeinen Intellekt einfließt, aus dem sie stammt, oder ob sie als der wahre und eigentliche Mensch fortlebt, wird unterschiedlich beantwortet, sofern eine solche Frage überhaupt eine Rolle spielt. Interessant ist die Position des Gersonides (1288–1344), desjenigen jüdischen Philosophen im Mittelalter, bei dem der Rationalismus am schärfsten ausgeprägt ist: Da die Arbeit der Gelehrten den Verzicht auf viele Genüsse erfordert, muß der postmortale Lohn einen Ausgleich schaffen. Darum wäre es nicht gerechtfertigt, wenn diejenigen, die sich auf Erden ausschließlich um intellektuelle Vervollkommnung bemühen, den gleichen Lohn empfingen wie andere, indem jede fortlebende Seele in eine kollektive Unsterblichkeit einginge. Die ausgleichende Gerechtigkeit erfordert vielmehr ein individuelles intellektuelles Fortleben; der Beitrag des einzelnen zur Erkenntnis verewigt sich als die von ihm hinterlassene individuelle Spur als gewichtigere oder schwächere intellektuelle Unsterblichkeit.
Auch in der Kabbala, der jüdischen Mystik, ist der Gedanke der Unsterblichkeit der Seele heimisch. Sie hat die Platonische Vorstellung, daß die wahre Realität die geistige Welt sei, mit der den Menschen seine Seele verbindet, aufgenommen und entwickelt. Die jüdische Mystik sieht als Ziel des Menschen den Aufstieg der Seele in die höhere Welt und ihre größtmögliche Annäherung an das Göttliche. Dieses Ziel kann der Mystiker bereits während seines irdischen Lebens erreichen, wenngleich nur im Zustand der zeitweiligen Ekstase. Der endgültige Aufbruch der Seele zu ihrem himmlischen Ursprung findet nach ihrer Trennung vom Leibe statt und ist durch den Grad

der Erfüllung der irdischen Pflichten des Menschen bestimmt: Nur derjenige, der während seines Lebens alle biblischen Vorschriften erfüllt hat, besitzt eine reine Seele, die nun des Glücks teilhaftig wird. Die Seelen der Frevler und der Indifferenten hingegen bedürfen der Reinigung. Die Kabbala operiert daher mit der Lehre von der Seelenwanderung; durch die Reinkarnation der sündigen Seele soll ihr die Gelegenheit der Besserung gegeben werden. Solange die Seele durch die Welt wandert, ist sie individuiert; ob sie allerdings, wenn sie ihre Wanderung endgültig abgeschlossen und den Ort ihres Ursprungs wieder erreicht hat, sie selbst bleibt oder im Allgemeinen aufgeht, ist nicht eindeutig bestimmt.

Der Gedanke des Fortlebens der Seele, die im himmlischen Paradies ihre ewige Ruhe und den dauernden Frieden findet, hat im Laufe der Entwicklung des Judentums immer mehr Gewicht gewonnen. So finden wir auch im Gebetstext, der zu Ehren Verstorbener gesprochen wird, den Wunsch, daß die Seele des Betreffenden Ruhe finden möge und dem Toten das ewige Leben zuteil werde. Auf Grabsteinen ist häufig die Formel »Möge seine Seele eingebunden sein in den Bund des Lebens« zu finden.

Die Sorge um Tote gilt als eine der wichtigsten Pflichten einer jüdischen Gemeinde; übertroffen wird die Ehrfurcht vor dem Tode und dem Toten nur von den Pflichten gegenüber dem Leben, so daß die Bemühungen, Leben zu bewahren und zu retten, Priorität vor allen anderen religiösen Pflichten haben. Einem Toten den letzten Dienst zu erweisen, die Leiche zu waschen, einzukleiden und zu bestatten gilt als eine Verpflichtung, die einen besonders hohen Rang einnimmt, da in diesem Falle eine gute Tat begangen wird, für die man auf keine Gegenleistung hoffen kann. Vielfach haben sich Vereine gebildet, sogenannte heilige Bruderschaften, die sich der Betreuung von Kranken, besonders aber der Bestattung der Toten widmen. Wo sich eine jüdische Gemeinde bildet, ist es ihre erste und größte Sorge, einen Begräbnisplatz für ihre Toten anzulegen. Der Friedhof ist für die Gemeinde unerläßlich, während auf ein Gotteshaus verzichtet werden kann, weil das Gebet an keinen bestimmten Ort gebunden ist. Die jüdische Bestattung ist vor allem dadurch gekennzeichnet, daß sie für alle gleich ist. An einem Toten darf niemand verdienen, so daß kommerzielle Bestattungsfirmen abgelehnt werden. Der ganz schlichte Sarg wird von der Gemeinde geliefert, die Zeremonie besteht aus vorgeschriebenen Gebeten, die immer dieselben sind. Die Beerdigung ist insofern eine soziale Veranstaltung, als eine Gemeinde, d. h. mindestens zehn männliche Erwachsene, daran teilnehmen muß. Ist das Grab zugeschaufelt, wird ein Gebet gesprochen, das meist als Totengebet bezeichnet wird und das Kinder für ihre Eltern während des Trauerjahres beim Gemeindegottesdienst zu sagen verpflichtet sind. An diesem Gebet, mit dem jeder jüdische Gemeindegottesdienst endet, ist bemerkenswert, daß in ihm weder vom Tod die Rede ist noch an Verstorbene erinnert wird, sondern der Text hat die Verherrlichung Gottes zum Inhalt und schließt mit dem Wunsch, Gott möge den Menschen Frieden auf der Erde geben. Das ist ganz in dem Sinne gedacht, daß man sich zwar der Toten erinnern soll, daß aber das Leben in jeder Hinsicht Priorität besitzt.

Die eschatologischen Vorstellungen haben sich im Judentum im Laufe seiner langen Entwicklung geändert, nicht nur darum, weil sich auf Grund gesellschaftlicher Entwicklungen auch die Religion gewandelt hat, sondern auch deshalb, weil diese Auffassungen im einzelnen nie verbindlich waren. Unverändert ist durch alle Zeiten der Primat des Diesseits vor dem Jenseits, die Konzentration auf das Leben gegenüber dem Tod geblieben. Der Psalmvers »Nicht die Toten loben Gott..., sondern wir...« (115, 17 f.) faßt diese Einstellung ebenso präzis zusammen, wie sie im Buch Kohelet drastisch mit den Worten »Ein lebender Hund ist besser als ein toter Löwe« (9, 4) ausgedrückt wird.

Literatur (Auswahl)

Beer, Julius: Ein altberlinischer Friedhof. In: Die Gegenwart, Berliner Wochenschrift für jüdische Angelegenheiten, S. 141/142, Nr. 18, Berlin 1867

Behrendt, Otto und Karl Malbranc: Auf dem Prenzlauer Berg. Berlin 1938

Die Bau- und Kunstdenkmale in der DDR, Hauptstadt Berlin I/II. Hrsg. Institut für Denkmalpflege. Berlin 1984, 1987; die Friedhöfe bearbeitet von Joachim Fait

Etzold, Alfred, Joachim Fait, Peter Kirchner und Heinz Knobloch: Die jüdischen Friedhöfe in Berlin. Berlin 1991

Geiger, Ludwig: Geschichte der Juden in Berlin. Reprint der Originalausgabe, Berlin 1871–1890. mit einem Vorwort von Hermann Simon. Leipzig 1988

Kaulen, Alois und Joachim Pohl: Juden in Spandau vom Mittelalter bis 1945. Der jüdische Friedhof. S. 15–21. Berlin 1988

Knobloch, Heinz: Berliner Grabsteine. Berlin 1987

Knobloch, Heinz: Herr Moses in Berlin. Berlin 1979

Krajewska, Monika: Zeit der Steine. Warschau 1982

Levy, Arthur: Jüdische Grabmalkunst in Osteuropa. Berlin o. J.

Melcher, Peter: Weißensee, ein Friedhof als Spiegelbild jüdischer Geschichte in Berlin. Berlin 1986

Riesenburger, Martin: Das Licht verlöschte nicht. Berlin 1960, 1984

de Vries, S. P.: Jüdische Riten und Symbole. Wiesbaden 1986

Personenregister

Abbt, Thomas 24
Albu, Albert 105, 111
Appelbaum, Jacob 62
Arnheim, Simon Joel 118, 130
Aron, Betty 107
Aron, Hermann 107, 112
Arons, Lea 117, 129
Arons, Lewin 117, 129
Aronson, Hans 103, 110
Asch, Johanna 105
Asch, Louis 105
Aschrott, Sigmund 54
Auerbach, Baruch 161, 170
Auerbach, Emma 161

Bach, Leonhard Emil 153, 158
Baeck, Leo 85, 91
Baeck, Natalie 85
Baer, Israel 53, 61
Baginsky, Adolf 107, 112
Baneth, Dinka 84
Baneth, Eduard 84, 90
Barthel, Michael 6
Becker, Moritz 56, 61
Beer, Alexander 42, 171
Beer, Amalie 29, 152
Beer, Jacob Herz 29
Beer, Michael 152
Beer, Wilhelm 29
Begas, Carl 49
Begas, Reinhold 49
Behrendt, Joseph 165
Benjamin ben Mordechai 18
Berend, Samuel Bacher 43
Bialer, Rayzla 73, 79
Bin-Gorion, Micha Josef 67
Bismarck, Otto von 129
Bläser, Gustav 51
Bleichröder, Gerson von 45, 49, 115, 129
Bloch, Iwan 104, 111
Blumenthal, Marie 137
Blumenthal, Oskar 137, 144
Boas, Ismar 105, 111
Bodjana, Michael 42
Brenn, Gustav Freiherr von 10
Breuer, Peter 157
Brod, Max 158
Burg, Meno 48

Cahn, Manfred 73, 78
Cassel, David 84, 90, 144
Cassel, Sara 84
Chodowiecki, Wilhelm 25
Clementi, Muzio 157
Cohen, Hermann 86, 91
Cohen, Johanna 83
Cohn, Alfred 56, 61
Cremer und Wolffenstein 144

Darsina (?) bat Joseph (?) 19
David, Theodor Leberecht 62
Dehmel, Richard 146
Diepgen, Eberhard 5
Dridso, David 58, 62
Dühren, Eugen (= Iwan Bloch)
Dülfer, Martin 61
Dvořák, Antonin 158

Eberlein, Gustav 51
Ehrensaal, Fanny 62
Ephraim, Veitel Heine 26, 27
Ernst, Rosalie 54, 55
Etzold, Alfred 6

Fabian 175
Fabian, Erich 23
Firle, Otto 50
Fischer, Samuel 142, 146
Forckenbeck, Max von 170
Fraenkel, Albert 102, 110
Fränkel, Adele 45, 48
Fränkel, Louis 59, 63
Freitag 175
Friedrich II. 26, 170
Friedrich III. 170
Friedrich Wilhelm II. 28
Friedrich Wilhelm III. 9, 10
Friedrich Wilhelm, Der Große Kurfürst 157, 170
Friedrich, Ferdinand 31
Fröbel, Friedrich 171

Galinski, Heinz 2
Garbáti-Rosenthal, Josef 125, 131
Garfunkel, Netti 60, 64
Geiger, Abraham 83, 89
Gernsheim, Friedrich 153, 157
Ginsberg, Adolf 46, 49
Glatzer, Nahum Norbert 185

Gleim, Johann Wilhelm Ludwig 24
Goldberger, Joseph Tobias 44, 48
Goldberger, Ludwig Max 121, 130
Goldschmidt, Marcus 57, 61
Goldstein, Eugen 101, 110
Gollanin, Leo 155, 158
Granas, Jona (Johan) 73, 79
Grenander, Alfred 129
Gropius, Walter 64

Haber, Siegmund 139, 145
Haberland, Georg 46, 50
Haberland, Salomon 46, 49
Hahn, Mary 158
Hauptmann, Gerhart 142, 146
Heimann, Moritz 143, 146
Helmholtz, Hermann von 110
Herz, Henriette 28
Herz, Marcus 24, 28
Herz-Katz-Grau, Grabstätte 47, 50
Hesse, Hermann 146
Hildesheimer, Esriel 87, 92, 93
Hildesheimer, Hirsch 88, 92
Hildesheimer, Meier 88, 92
Hirsch, Leo 138, 145
Hirschberg, Julius 106, 112
Hirschberg, Zerline 106
Hirschfeld, Israel 44, 48
Hoeniger, Johann 170
Hoffmann, Adolf 53, 55
Hoffmann, David 88, 93
Hoffmann, Ludwig 55
Holbein, Hans 157
Holländer, Ludwig 141, 145
Honecker, Erich 5
Huch, Friedrich 146
Humboldt, Wilhelm von 90

Ibsen, Henrik 146
Israel, Moritz 58, 62
Itzig, Daniel 27
Itzig, Isaac Daniel 27

Jaakob ben Jaakob 20
Jaffe, Max 100, 109
Jandorf, Adolf 123, 130
Jelkmann, Carlo 172
Jizchak 19
Jolles-Ehrensaal, Grabstätte 58, 62
Jona ben Dan 18
Juda Halevi 90
Jutrosinski, Moritz 171

Kadelburg, Gustav 144
Kalischer, Henriette 53, 55
Kalonimus ben Mosche Halewi 20
Kant, Immanuel 24, 28, 91
Kaplan, Abraham Elia 88, 93
Kappel, David 46, 49
Karpeles, Gustav 68, 144
Kastan, Isidor 137, 144
Katz-Lachmann, Grabstätte 54, 55
Kellermann, Bernhard 146
Kempinski, Berthold 73, 78, 126, 132
Kirchner, Hanns 6
Kolland, Dorothea 11
Koppel, Arthur 120, 130
Köhler, Adolph 57, 62
Krayn, Hugo 150, 157
Kronecker, Leopold 108

Lachmann, Louis 55
Lammert, Will 23
Landé 175
Landsberg, Max 50
Lazarus, Moritz 89, 90
Lederer, Hugo 63
Lessing, Ephraim 24
Levy, Leo 51, 52
Lewandowski, Helene 154
Lewandowski, Louis (Lazarus) 144, 154, 158
Lewin, Elieser 51, 52
Lewin, Louis 102, 110
Licht, Hugo 36, 173–177
Liebermann von Wahlendorf, Adolf Ritter 45, 49
Liebermann, Carl 104, 111
Liebermann, Joachim 44, 48
Liebermann, Max 148, 156
Liepmann, Jacob 149, 156
Loerke, Oskar 146
Loeser und Wolff 124, 131
Loeser, Bernhard 71, 124, 131
Loewe, Ludwig 116, 129
Loewe, Sophie 72, 78
Loewenberg, Julius 154
Loewenberg, Oscar 59, 63
Lortzing, Albert 51
Lurija, Isaak 75

Magnus, Paul Wilhelm 99, 108
Maimonides, Moses (Moses ben Maimon) 179, 185
Makower, Hermann 162, 169
Malruscha 20
Manheimer, Berta 160, 170

Manheimer, Moritz 160, 170
Mann, Thomas 146
Maybaum, Siegmund 69, 86, 91
Mecklenburg, Mathilde 54, 55
Mendel, Albert 60, 64
Mendelsohn, Erich 64, 144
Mendelssohn, Franz von 172
Mendelssohn, Joseph 114, 129
Mendelssohn, Moses 24, 25, 151, 157
Meyer, Helene 45, 48
Meyer, Moses 32
Meyer, Paul 45, 48
Meyer, Richard Joseph 98, 108
Meyer, Zirel (Sara) 32
Meyerbeer, Giacomo 29, 152
Meyerheim, Paul 157
Michaelis, Grabstätte 51, 52
Miller, Oskar von 131
Millet, Jean François 156
Model, Paul 72, 78
Mommsen, Theodor 92
Montefiore, Moses 92
Morgenstern, Lina 168, 171
Morgenstern, Theodor 168
Mosse, Emilie 136
Mosse, Rudolf 51, 52, 136, 144
Mosse, Wolfgang 51
Munk, Hermann 101, 109
Munkacsy, Michael 156
Müchler, Georg 24

Nachama, Andreas 6
Nachama, Estrongo 2
Nathan, Paul 172
Natorp, Paul 91
Neumann, Salomon 50, 89
Neutra, Richard 144
Nicolai, Friedrich 24

Oettinger, Joseph 30
Oppenheim, Louis 50
Orenstein, Benno 119, 130
Orenstein, Rosa 119
Orth, August 51

Palmer, Gesine 18
Paltiel ben Joseph 19
Panofsky, Eugen 53, 55
Pauwels, Ferdinand W. 156
Petersen, Architekturbüro 176
Philippson, Martin 164, 169
Pitsch, Joseph 47, 50
Plessner, Jacob 151, 157
Poppelauer, Clara 134
Poppelauer, Moritz 134, 144
Pringsheim, Nathanael 96, 108

Ramler, Karl Wilhelm 24
Rathenau, Emil 127, 131
Rathenau, Erich 128
Rathenau, Mathilde 128
Rathenau, Walter 127, 131, 146
Rawitzki, Salo 58, 63
Reich, Anna 163, 169
Reich, Markus 163, 169
Reichenheim, Moritz 162, 171
Reichenheim, Sara 162, 171
Remak, Robert 100, 109
Rée, Anton 7, 11
Riesenburger, Martin 11
Riess, Model 13, 21
Riess, Theophil 97, 108
Riess-Burg, Grabstätte 44, 48
Rosenstein, Elkan 77
Rosin, Heinrich 166, 170

Sachs, Louis 157
Sachs, Michael 144
Schilling, Carl 51
Schinkel, Karl Friedrich 48, 76
Schlesinger, Charlotte 107
Schletter, Johanne 67
Schmitz, Bruno 51
Schnitzler, Artur 146
Schocken, Familie 60, 64
Schreiber, Adolf 155, 158
Schwadlo, Carl 170
Schwarz, Josef 56, 61, 156, 158
Schwarz, Karl 8, 11
Schwarz, Manuel 60, 64
Schwarz, Pauline 60, 64
Seegall, L. 48
Seligsohn, Julius L. 47, 50
Sello, Martin 78
Shaw, George Bernard 146
Silbergleit, Heinrich 162
Simon, Heinrich 178
Simon, Hermann 6, 7
Simon, James 167, 172
Steffek, Karl 156
Stein, Ernst 18
Stein, Karl Freiherr vom und zum 51
Steinschneider, Auguste 85
Steinschneider, Moritz 85, 93, 144
Steinthal, Heymann 83, 90
Steinthal, Jeanette 83

Stern, Julius 154, 158
Stichling, Otto 61
Stier, Gustav 48
Strack, Johann Heinrich 48
Stresemann, Gustav 63
Stüler, August 48
Sulzer, Georg
Sussman-Hellborn, Louis 149, 157
Szajak, Architekturbüro 176

Tessenow, Heinrich 172
Tietz, Hermann 122, 130
Tietz, Johanna 112
Tietz, Oskar 112, 130, 157
Tolstoj, Leo 146
Traube, Cora 99
Traube, Louis 99
Traube, Ludwig 70, 99, 109

Ullstein, Else 140
Ullstein, Leopold 140, 145
Ullstein, Mathilda 140
Ungerleider, Rudolf 67
Ury, Lesser 150, 157

Virchow, Rudolf 172
Vischer, Peter 157
Vogler, Georg Joseph 157

Wagner, Richard 51
Waldenburg, Louis 96, 108
Wallach, Toni 59, 63
Wassermann, Jakob 146
Weyl, Meir 9
Weyl, Witwe des Meir Weyl 9, 10
Wilde, Richard 139, 145
Wolff, Abraham 59, 63
Wolff, Anna 106
Wolff, Bernhard (Benda) 135, 144
Wolff, Julius 106, 112
Wolff, Karl 131
Wolff, Raymond 10, 11
Wolff, Theodor 138, 145
Wolfsohn, Rebecca 83
Wredow, August 157

Zadikow, Arnold 64
Zelter, Carl Friedrich 157
Zunz, Adelheid 89
Zunz, Leopold 81, 82, 89, 144

Jüdische Grabstätten und Friedhöfe in Berlin

Eine Dokumentation vom 12. Januar – 26. April 1992 auf dem Jüdischen Friedhof Berlin-Weißensee, Herbert-Baum-Straße 45

Veranstalter:
Stiftung »Neue Synagoge Berlin – Centrum Judaicum«
im Auftrag der Berliner Festspiele GmbH
in Verbindung mit der Jüdischen Gemeinde zu Berlin

Idee und Konzeption:
Dr. Andreas Nachama und Dr. Hermann Simon

Wissenschaftliche Leitung:
Dr. Hermann Simon

Wissenschaftlicher Mitarbeiter:
Alfred Etzold

Öffentlichkeitsarbeit und Organisation:
Susanne Stähr

Gestaltung der Dokumentation:
Wolfgang Andrees (Regie)
Madeleine Paykowski (Layout)
Herbert Christmann, Ingrid Grasse, Gerhard Ilfrich (Realisierung)

Fotografie:
Manfred Baum
Dr. Joachim Fait
Wolfgang Wandelt

Fotoreproduktionen:
Wolfgang Baum
Renate Schulz

Fotosatz:
Helmut Müller

Abbildungen stellten zur Verfügung:
Bildarchiv Preußischer Kulturbesitz
Landesbildstelle Berlin
Deutsche Staatsbibliothek Berlin, Porträtsammlung
Stadtbibliothek Berlin, Ratsbibliothek
Humboldt-Universität Berlin, Universitätsbibliothek
Stiftung »Neue Synagoge Berlin – Centrum Judaicum«
Jüdische Gemeinde zu Berlin, Bibliothek
Bildarchiv Abraham Pisarek, Berlin
Sammlung Dr. Heinrich Herzberg, Berlin
Ullstein Bilderdienst Berlin
Stadtbezirkschronik Pankow
Staatliche Museen Berlin, Zentralbibliothek
Ulf Dräger, Halle
Joachim Pohl, Berlin
Wolfgang Türk, Schildow
Geheimes Staatsarchiv Preußischer Kulturbesitz, Merseburg
Nationale Mahn- und Gedenkstätte Sachsenhausen
Professor Dr. Georg Henneberg, Berlin
ehem. Akademie der Wissenschaften der DDR, Berlin
Archiv Gerstenberg, Wietze
Architekturbüro Petersen, Berlin

REIHE DEUTSCHE VERGANGENHEIT

»Wenn wir die Vergangenheit angenommen haben,
dann dürfen wir uns zur Zukunft bekennen.«

Richard von Weizsäcker in »Steinerne Zeugen«

Steinerne Zeugen

Nicht mißhandeln

»Machtergreifung« – Berlin 1933

Letzte Spuren

Verfolgung und Widerstand

Zerstört · Besiegt · Befreit

Fordern Sie unseren Verlagsprospekt an

EDITION HENTRICH BERLIN